دفاتر
الدكتور ميشيل سيم جوود

جولي مارتوري

أنا أتحكم في التوتر!

ترجمة
نهلة طاهر

دار جامعة حمد بن خليفة للنشر
HAMAD BIN KHALIFA UNIVERSITY PRESS

المحتويات

كلمة ميشيل سيم

التوتر هو العلة الأكثر انتشارًا في العصر الحديث! فوفقًا للدراسات الأخيرة المتعلقة بالتوتر[1]، فإن موظفًا من كل اثنين يعاني التوترَ في العمل، وواحدًا من كل أربعة موظفين يعاني فرطَ الإجهاد الأقصى. ولم تعد حياتنا اليومية سهلة علينا أو على غيرنا من المحيطين بنا، ويمكنني أن أقول إن التوتر في بعض الأحيان يفسد حياتنا بالفعل، وعندما يصبح الإجهاد مزمنًا فقد يصل إلى الإضرار بصحتنا، حيث يتحول إلى قنبلة موقوتة خطيرة، ويهاجم القلب والجهاز الهضمي والجهاز المناعي والأعصاب والجلد... من دون رحمة.

أعلم أنكم ستقولون إن التوتر لا مفر منه في مجتمعاتنا التي تتسم بالإفراط في التواصل والإنتاجية، بل صار الإجهاد محركًا أو سمة من سمات التميز في مجالات الحياة العملية. وهذا غير صحيح، إذ ليس من الطبيعي أو الضروري أن نتعرض للتوتر لفترات طويلة، وإنما هناك وسائل وحلول لمكافحة التوتر، ليس ثمة حبة دواء سحرية سريعة المفعول (مثل تلك التي ننتظر ابتكارها كلما رغبنا في خسارة الوزن)، لكنه بذل الجهد في كل لحظة لكبح جماح ماكينة التوتر وتقليل سرعتها (إنها آلة قوية ومتينة)، والأمر يستحق العناء، فجسمك سيقدِّم لك الشكر، وكذا المحيطون بك.

ميشيل سيم

التشخيص الذاتي

ما مستوى التوتر لديك؟

هل تشعر بالتوتر؟ بالطبع نعم، بما أنك تقلب هذا الكتاب بين يديك الآن. لكن ما مستوى توترك؟ يُعَد تحديد حجم الضغط النفسي الذي تتعرض له الخطوةَ الأولى للتعرف على مدى تأثيره في حياتك اليومية وسلامتك النفسية والصحية، وبالتالي يمكنك اتخاذ اللازم حيال ذلك.

لديك عرض توضيحي في قاعة تضم عشرين شخصًا:

- لم تنَم منذ عدة أيام.
- إنه تحدٍّ جديد بالنسبة إليك، وتشعر بالحماسة!
- تعيد قراءة عرضك للمرة الأخيرة على برنامج «باور بوينت».

تشعر بأنك تفقد السيطرة على بعض الأمور المهمة في حياتك:

- لا تشعر بذلك أبدًا.
- تشعر بذلك أحيانًا.
- غالبًا ما تشعر بذلك.

تستيقظ في الصباح:

- بسهولة وانطلاق.
- تستعرض ذهنيًا وبحيوية قائمة المهام اليومية المنتظرة.
- بصعوبة شديدة، ورنين المنبه صار صديقك المفضل.

بعد فترة التوتر:

- ترغب في إعادة تحليل مواقفك وتصرفك حيالها.
- تتخلص سريعًا من مشاعر التوتر، وتستمتع بأوقاتك.
- توترك لا ينتهي أبدًا، إنه حالة مزمنة!

حدث تسريب للمياه في شقتك، وكان رد فعلك الأول:

- لا مجال للذعر، فشركة التأمين تتعامل مع الأمر.
- تقرع باب جارك بسرعة، وأنت تعلم أنه لا يملك حلًّا!
- عقلك يحدِّد بسرعة قائمة المهام المطلوبة: الاتصال بالتأمين، وشرح الحالة، وإرسال حِرفي لإصلاح العطل، وإبعاد الأثاث حتى لا يتلف.

تخصص بعض الوقت للعناية بنفسك:

- هذا مستحيل، فجدول أعمالك مزدحم جدًّا!
- أحيانًا، عند الشعور بالحاجة إلى ذلك.
- مرة واحدة في الأسبوع، فهذا متنفس ضروري لمنع الانفجار!

الوقت بالنسبة إليك:

- عدوك اللدود الذي تطارده دائمًا!
- حليفك الدائم، ومعه تسير الأمور جيدًا.
- أداة يجب تطويعها وَفق نظام محكم.

تجلس لمتابعة مسلسل ما، فتأكل علبة الحلوى كلها، وهذا يحدث:

- من وقت إلى آخر.
- كل ليلة.
- أبدًا لا يحدث، لأنك تفضِّل مشروبًا عشبيًّا مهدئًا.

تنام في المساء:

- كالطفل الرضيع.
- بصعوبة، لأنك تجتر أحداث اليوم، وتفكر في توقعات الغد.
- مستلقيًا بتثاقل من شدة الإجهاد.

عيَّن رئيسك في العمل موظفًا جديدًا في قسمك:

- أمر رائع! لأنه سيخفف عنك أعباء العمل.
- تتوقع الأسوأ فورًا، وتظن أن تعيينه قد يتسبب في طردك.
- التعيينات الجديدة دليل على نمو الشركة اقتصاديًّا، لكن يجب توخي الحذر.

كيف حال جسمك؟

- تعتني به عندما يطلق جهاز الإنذار فقط.
- تعده آلة من آلات العمل، وعليك صيانتها.
- تجيد الاستماع إليه، وتحسن الاستجابة إلى مطالبه عند اللزوم.

أفضل استراتيجية لمقاومة التوتر بحسب رأيك:

- التنظيم: أخطط بدقة وأحسب التوقعات، تجنبًا للمفاجآت غير السارة.
- التقبُّل: لن أستطيع السيطرة على كل الأمور.
- المكافأة: لا بد منها لأنها المخرَج للتخلص من التوتر.

احسب نقاطك

 = نقطة	 = نقطتان	 = ثلاث نقاط

من 12 إلى 20 نقطة: أنت شخص هادئ ومسترخٍ (النمط الأول)

لديك قدرة جيدة على التقبُّل والتأقلم، مما يجعلك قادرًا على التعامل بهدوء مع تغيرات الحياة والتحديات اليومية، لكنك مثل غيرك من البشر قد تتعرض لبعض المواقف التي تسبب لك أحيانًا توترًا مزعجًا. ثمة آليات بسيطة مثل: التنفس البطني (انظر صفحة 36)، أو تمرين الاسترخاء (انظر صفحة 38)، أو العلاج بالضغط على نقاط في جسمك (انظر صفحة 44)، ستساعدك على السيطرة على التوتر فور ظهوره، وبالتالي كبح عواقبه.

من 20 إلى 28 نقطة: أنت تسيطر على التوتر، لكن إلى أي مدى؟ (النمط الثاني)

تمكنت من السيطرة على توترك حتى الآن، لكن الأمر يتطلب منك جهودًا شاقة وتنظيمًا. الشعور بالسيطرة يمنحك الراحة ويطمئنك، ويسمح للأمور بأن تسير على ما يرام، لكن يصعب الاستمرار في تطبيق هذه الاستراتيجية سواء جسديًا أو نفسيًا، وذرة بسيطة إضافية من التوتر قد تكون كفيلة بإفساد آلية السيطرة التي تبدو كأنها تعمل جيدًا. لذلك عليك بداية أن تخفف عنك الضغوط، وتوافق على سياسة التقبل والتخلي عن أمور معينة (انظر صفحتَي 32 و59). وعليك ممارسة الرياضة بصورة دائمة (انظر صفحة 39)، وتمارين اتساق ضربات القلب (انظر صفحة 55)، لأنها مثالية للوصول إلى حالة السلام والسكينة.

من 28 إلى 36 نقطة: أنت تعيش توترًا شبه دائم (النمط الثالث)

أعصابك مشدودة طوال الوقت، ومنهك ومتعب، وحياتك اليومية تشبه الصراع، كأنك تتسلق الجدران. حجم التوتر الحالي كافٍ ولن تحتمل مزيدًا منه. تحاول أن تتخطاه، لكن يجب عليك مواجهته على جميع الأصعدة. أوقف عجلة الأفكار التي تدور في رأسك عن طريق تمارين التأمل (انظر صفحة 31)، ويجب أن تدرك أن نظرتك إلى الأمور تكون أحيانًا خاطئة (انظر صفحة 57). كافِئ نفسك بوقت من الراحة حتى تتخلص من التوتر (انظر صفحة 47)، وعزِّز ثقتك بنفسك، إلخ. كلمة السر: استعِد راحتك ورفاهيتك!

الجزء الأول

ماذا يعني التوتر؟

تهدف دائمًا استراتيجية الدفاع الصحيحة إلى تحديد العدو قبل مهاجمته. والتوتر ليس إلا رد فعل دفاعي يدافع به الجسم عن نفسه، لكنه يتحول إلى الاتجاه العكسي على المدى البعيد، فيهاجم الجسم نفسه. أما أسلحته فتتمثل في كثير من الهرمونات التي تؤدي هجمات متتالية تستهدف وظائف الجسم المتعددة.

الفصل الأول

رد فعل دفاعي

نظرًا إلى كون التوتر كارثة العصر الحديث، فإنك تنسى أنه في جوهره مفيد لك. إنه آلية إنذار تحذرك كي تنجو بنفسك من خطر داهم. شكرًا على التحذير إذن!

السبيل إلى النجاة

التوتر مفيد، وحيوي أيضًا!

يهرب رجل الكهف مسرعًا من حيوان الماموث الرهيب: نستخدم هذه الصورة الذهنية غالبًا لتوضيح فكرة التوتر، وشرح آلية الإنـذار والتكيُّف والدفاع للبقاء. ما هذه المفارقة التاريخية؟ لنقل إنك تهرع مسرعًا للّحاق بعربة القطار، أو كدت تسقط تحت عجلات سيارة، أو إنك تعمل أوقاتًا إضافية مجهدة كي تنهي عملًا ما... بغض النظر عما حدث ويحدث، فآلية الجسم تعمل بالطريقة ذاتها: التوتر ظاهرة بيولوجية تسمح للجسم بالحفاظ على توازنه على الرغم من اختلاف الظروف، وعندما يواجه الجسم موقفًا عدائيًّا مجهولًا وغير متوقع فإنه يؤدي سلسلة من التغيرات الفسيولوجية، الهدف منها: دفع جميع الحواس للوصول إلى الحالة القصوى، كي تدرك الخطر وتجد المفر الملائم من ذلك الموقف (المقاومة أو القتال أو الهروب...)، وتحشد جميع ما تملك من موارد للتصدي له.

اكتشاف فرنسي!

خضعت ظاهرة التوتر للدراسة منذ القرن التاسع عشر. انتبه! فالعالِم الفسيولوجي الفرنسي «كلود برنارد» هو أول مَن عرَّف مصطلح «الاستتباب»، أي قدرة الجسم على التنظيم والتأقلم كي يحافظ على توازنه الطبيعي. أما العالم الأمريكي «والتر كـانـون»، فيفسر ذلـك على أنه مهمة الأدرينالين في القتال أو الهروب. وفي عام 1948، عـرَّف العالم الكندي «هانز سلي» الضغط العصبي بـ«متلازمة التكيُّف»، إلى أن أصبح اسمه «التوتر» في عام 1950.

حين يطلق الجهاز العصبي السمبثاوي إنذاره

إنها آلية معقدة، إذ يستدعي التوتر تدخل الجهازين العصبي والهرموني. ويتعاون الجهازان بطريقة متكاملة لتحقيق هدف واحد: البقاء على قيد الحياة. في الجانب العصبي، تكون السيطرة بيد الجهاز العصبي السمبثاوي، إلى جانب صديقه الجهاز العصبي الباراسمبثاوي، المؤثر بدوره في الجهاز العصبي اللاإرادي (أو الخضري). وبفضل شبكتهما الواسعة من الأعصاب يتشاركان في عدد كبير من الأنشطة الفسيولوجية التي تحصل من دون إرادة الإنسان، مثل: التنفس، ونبض القلب، وتنشيط حركة الجهاز الهضمي، إلخ. وعلى عكس حركة التهدئة التي يؤديها الجهاز العصبي الباراسمبثاوي، والتي تُحدث تباطؤًا عامًّا في جميع وظائف الجسم، فإن الجهاز العصبي السمبثاوي يُنشط تلك الوظائف. وعند وصول الضغط العصبي إلى ذروته، يدق الجهاز العصبي ناقوس الخطر كي يأخذ الجسم وضع الاستعداد للمعركة.

«تحت المهاد» تتسلَّم القيادة

تحت المهاد (الوطاء) كناية عن غدة صغيرة جدًّا لا يتعدى حجمها حبة البازلاء الصغيرة، توجد في قاعدة الدماغ. وعلى الرغم من صِغر حجمها فإن دورها مهم جدًّا، لأنها بمنزلة الجسر الذي يربط بين الجهاز العصبي اللاإرادي وجهاز الغدد الصماء. وعن طريق الهرمونات التي تفرزها غدة تحت المهاد تتحكم في غدة صغيرة أخرى تقع أسفلها مباشرة، وهي الغدة النخامية، وترسل هذه الغدة الأخيرة أوامرها إلى أعضاء الجسم والغدد، خصوصًا الغدتين الكظريتين الموجودتين في الجزء الخارجي العلوي على الكليتين. وعند الشعور بالتوتر يؤدي كل جهاز من تلك الأجهزة الثلاثة دوره المهم: إفراز الهرمونات والنواقل العصبية المختلفة (إنها بمنزلة وسائل التواصل فيما بين الخلايا العصبية) التي تتسبب بدورها في تغيرات فسيولوجية في الجسم، مثل: تسارُع معدل ضربات القلب، وتعبئة الطاقة، وشحذ الحواس، إلخ.

جيش من الهرمونات في المقدمة

يتدخل عدد كبير من الهرمونات والنواقل العصبية المختلفة في آليات مكافحة التوتر، وسنذكر ثلاثة عناصر رئيسية منها:

النورادرينالين والأدرينالين: هرمونا الإنذار

كلاهما ينتمي إلى عائلة الهرمونات المتعلقة بالنواقل العصبية التي تسمى «كاتيكولامينات» أو «هرمون الكظر». وفي حالة التعرض لأي قدر من الضغط، تضع هذه الهرمونات الجسم فورًا في حالة من التأهب، فيرتفع معدل ضربات القلب، ويرتفع ضغط الدم، وتتسع الشُّعب الهوائية، وترتفع نسبة الجلوكوز في الدم، وتتسع حدقة العين، وغير ذلك.

خبر سار

تأثير «الأدرينالين»

تأثير التوتر جيد أيضًا! هل تشعر تحت الضغط بأنك أكثر كفاءة وتركيزًا وإنتاجية؟! هذا طبيعي، إنه الأثر الإيجابي للتوتر. وهو يدفع الرياضيين نحو أفضل أداء في المنافسات. نعم، إنه المنشط الطبيعي!

الكورتيزول: الدعم

تفرز قشرتا الغدتين الكظريتين الهرمون القشري السكري (الكورتيكوستيرويد) بعد الشعور بالتوتر (بعد مرور نحو عشر دقائق في المتوسط)، وذلك من خلال تحويل الدهون إلى جلوكوز. وبالتالي يقدم الكورتيزول يد العون إلى الكاتيكولامينات (حمض أميني يؤدي عمل النواقل العصبية) لتعبئة الطاقة اللازمة لمواجهة حالة التوتر العصبي والتفاعل معها.

التفاعل في ثلاث مراحل

مرحلة الإنذار: ضربة سوط قوية

في مواجهة أي موقف يُجري دماغك، أو دعنا نستخدم مصطلحًا أدق، تُجري «نواة الدماغ» تحليلًا سريعًا للموقف: هل تعرضت لهذا الموقف من قبل؟ هل هذا الموقف خطير؟ إذا كانت الإجابة «نعم»، فستنشط «الإنذارات»، حيث تحفز النبضات العصبية غدة تحت المهاد، التي بدورها تأمر الغدة النخامية بتشغيل الجهاز العصبي السمبثاوي. النتيجة: تفرز الشعيرات العصبية في كل أعضاء الجسم هرمون النورادرينالين الذي يحفِّز إفراز الأدرينالين بواسطة الغدتين الكظريتين. وتنتج عن ذلك الثنائي من الكاتيكولامينات (أدرينالين + نورادرينالين) سلسلة من ردود الفعل: خفقان القلب، واتساع الأوعية الدموية، وسرعة التنفس، وانقباض العضلات، واتساع حدقة العين، وانخفاض الإحساس بالألم، وإطلاق الكبد لمادة الجلوكوز، وما إلى ذلك من الأعراض المختلفة. الهدف: تنبيه جميع الحواس، وحشد كل الموارد للقتال أو الفرار. أما بقية الأعضاء فلا حاجة إليها في هذه اللحظة الحاسمة، مثل: الرغبة الجنسية، والهضم، والمناعة، والنمو، إذ إنها تكون في حالة سبات.

- يمكن أن تستمر مرحلة الإنذار بضع دقائق أو بضع ساعات، وعندما يزول الخطر يعود الجهاز العصبي الباراسمبثاوي إلى العمل، فيسود هدوء ما بعد العاصفة.

مرحلة الإنذار

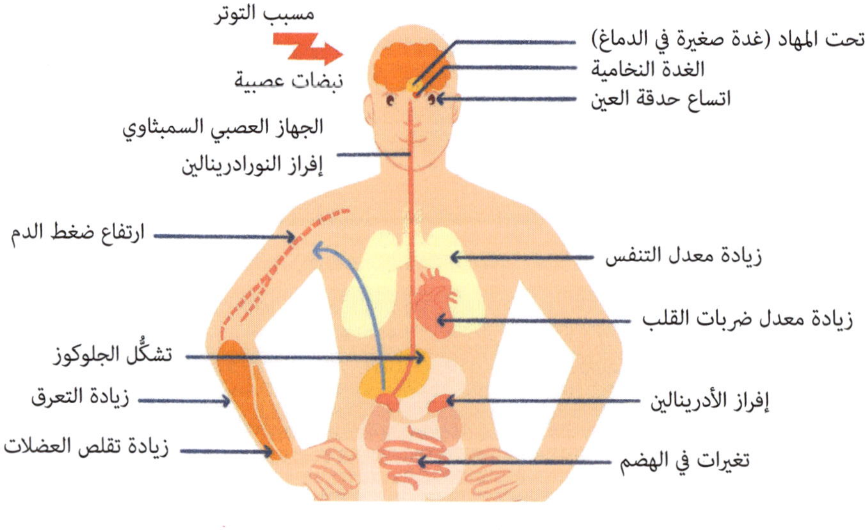

مرحلة المقاومة: الانتقال إلى وضع النجاة

عندما تستمر حالة التوتر العصبي فإنك تنتقل إلى مرحلة «المقاومة»، ويبدأ الجسم في التركيز على كل ما هو ضروري فقط، وهذا يسمَّى «التكيف مع الموقف للبقاء على قيد الحياة». رد فعل جديد يسمَّى «الدومينو» (التفاعل التعاقبي): تفرز «تحت المهاد» الكورتيكوليبرين الذي يؤدي بدوره إلى إطلاق الهرمون القشري الكورتيكوتروب (ACTH) بواسطة الغدة النخامية. وينتج عن إطلاق الكورتيكوتروب الإفراج عن الكورتيزول من قشرتَي الغدتين الكظريتين، مما يؤدي إلى تعبئة الطاقة اللازمة للاحتياجات المتزايدة للعضلات والقلب والدماغ. وفي الوقت نفسه، يمارس الكورتيزول بدوره سيطرة ارتدادية على الدماغ، وعند حدود معينة من التوتر يقلِّل من إفراز الغدة النخامية لمركب الكورتيكوتروب، وبالتالي يحمي الجسم من الغرق في هرمونات التوتر.

- هذه المرحلة الثانية تستمر مع استمرار توترك، وتكون في أثنائها معرضًا للخطر، لأن جسمك يعمل بأقصى جهد وفوق الحد الملائم.

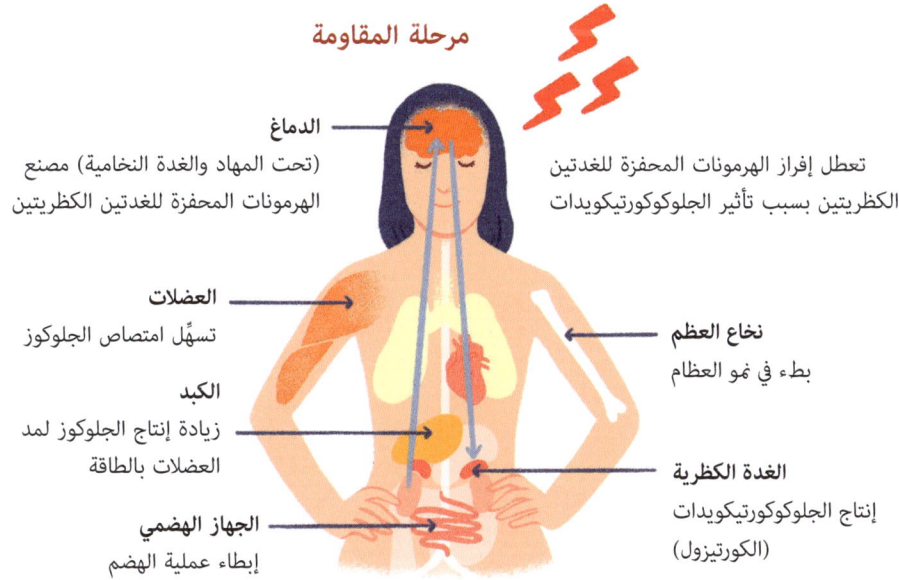

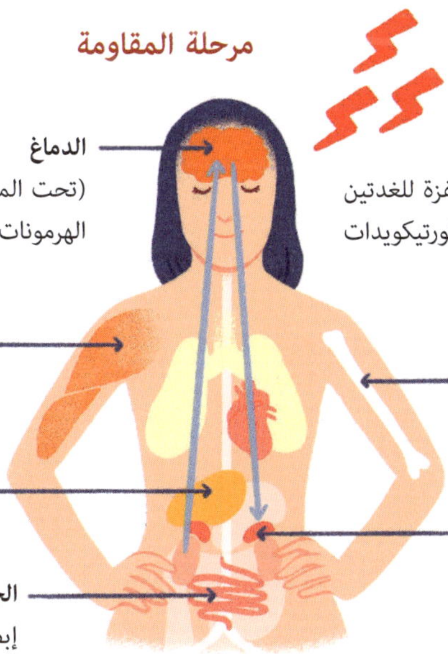

مرحلة التوقف أو المتابعة

عند انتهاء مرحلة التوتر يعود الجهاز العصبي الباراسمبثاوي إلى تولي قيادة الجسم مرة أخرى، وينخفض إفراز هرمونات التوتر. حان الوقت الآن للتعافي من كل تلك المشاعر! لكن في حالة امتداد مرحلة الضغط النفسي لتصبح أشد وطأة على الجسم، حينئذ يتحول التوتر إلى مرض مزمن، وينتقل الجسم إلى «مرحلة الإنهاك» أو «الإرهاق»، حيث يفقد الجسم القدرة على التأقلم، ويستمر في إفراز مزيد من هرمونات التوتر، ولا يستطيع استعادة السيطرة بعد أن ضعفت لديه كل وسائل الدفاع، وسيطر عليه التعب تمامًا، وعندئذ يبدأ ظهور المشكلات.

الفصل الثاني

لكلٍّ منا توتره الخاص

«أسباب التوتر لا تُحصى، أضف إليها أنت ثم أنت ثم أنت». قد تصلح هذه العبارة تشخيصًا بسيطًا لمعنى التوتر، فمن ناحية هناك مواقف عديدة تدفعك إلى توترك، ومن ناحية أخرى، يعود السبب إلى طباعك، وتنشئتك، ونقاط ضعفك وقوتك. الأمر كله يتعلق بوعيك.

مصادر متنوعة جدًّا

كل ما يُخِل بالتوازن

مخالفة مرور ملصقة على زجاج سيارتك، العمل من المنزل، الإعلان عن انتشار مرض خطير، حادث سيارة، جدول مهام مزدحم، مقابلة عمل، حدوث وفاة، إلخ، إنها أمثلة من بين آلاف الأمثلة المسببة للتوتر. باختصار، أي أمر يؤثر في توازنك ورفاهيتك، ويضر بسلامتك وبحياتك، ويفوق قدراتك الشخصية على التحمل، فإنه يكون سببًا في شعورك بالتوتر. إذن قد يكون سبب التوتر نفسيًّا أو جسديًّا، أكثر أو أقل حدة، إيجابيًّا أو سلبيًّا، عرضيًّا أو دائمًا، في مجالات الحياة المختلفة (في العمل، أو في حياتك العاطفية أو الأسرية، وعند ممارستك هواياتك وتمارينك الرياضية، إلخ). فالمواقف العديدة التي تواجهها تعرضك لضغوط كبيرة.

الضغط النفسي عقب الصدمات سبب آخر

هناك اضطراب حاد وشديد يتولد عقب حدث صادم: اعتداء، أو قصف، أو حرب، أو كارثة طبيعية، أو اغتصاب. قد يكون الشخص ضحية ذلك الحدث أو شاهدًا عليه، مثال ذلك: اعتداءات 13 نوفمبر 2015 في فرنسا، فربما يكون الشخص من بين الناجين أو من أفراد فريق الإنقاذ، فتبدأ معاناته مع ظهور الأعراض التالية: الأرق، والكوابيس، والهياج، والرغبة في العزلة، وأحيانًا الاكتئاب، ثم تستمر كلها أو بعضها طوال أيام أو أسابيع وقد تمتد إلى شهور، عندئذ يحتاج الشخص المصدوم إلى رعاية خاصة حتى يستطيع «التكيف» والقدرة على تجاوز الصدمة.

مكونات التوتر الأربعة

تشترك مسببات التوتر في أربع خصائص، وهذه الخصائص هي مكونات التوتر الأربعة، وكلما تضافرت وتجمعت ارتفع مستوى التوتر.

ض
ضعف التحكم
تقل سيطرتك على المواقف أو تنعدم تمامًا.

ع
عدم القدرة على التنبؤ
يستحيل التكهن بما سيحدث.

ح
حداثة الموقف
لم تختبر هذا الوضع من قبل.

ت
تهديد الأنا
خبراتك وأناك في موضع اختبار.

العبء الذهني: التوتر النسائي

في عام 2017، نشرت الكاتبة «إيما» في وسائل التواصل الاجتماعي بعض القصص المصورة تحت عنوان: «يجب أن تسأل»، وحازت الرسوم إعجابًا كبيرًا، خصوصًا من النساء، إذ إنها أبرزت واقعًا يعانيه كثير من الناس بصورة يومية، ويتمثل في «العبء الذهني»! وقد حدَّد علماء الاجتماع ذلك «الصراع المزدوج بين عالمين، الحياة الأسرية والحياة العملية، اللتين تتعايشان وتتداخلان معًا»[2]. وترجمة ذلك في الحياة اليومية: التفكير المستمر في حياتك الأسرية وإدارة شؤونها في أثناء وجودك في العمل، والعكس صحيح. النتيجة: ذهنك في حالة تأهُّب مستمر، بما أنك تخطط وتنظم طوال الوقت وتحاول الحفاظ على جميع أفراد أسرتك، وعندها تتعرض لقدر كبير من التوتر.

أربعة عوامل حديثة ترفع معدل التوتر

فرط التواصل

يحدث هذا مع رسائل البريد الإلكتروني، والرسائل النصية، والإشعارات، وكمية المطالب عبر الهاتف، وضرورة الرد السريع عليها، فضلًا عن تزايد التكليفات والمهام المطلوبة بصورة تصاعدية على مدى الساعة طوال الأسبوع، ويمكن تفادي ذلك أحيانًا بوضع الهاتف في وضع الطيران.

العزلة

على الرغم من التواصل المفرط فإنك في النهاية وحيد. لقد فقدت أخطر سلاح في مواجهة التوتر: الدعم الاجتماعي.

الضغط الاجتماعي

صارت قيمة الشخص في مجتمعاتنا الحديثة مرتبطة غالبًا بقيمة عمله أو مكانته الاجتماعية، مما يدفعنا نحو مزيد من الكسب المادي ومزيد من العمل.

فقدان الشعور بالآخر ومراعاته

يمثل عبء العمل والأهداف التي يتعين تحقيقها مصدرًا كبيرًا للضغط المهني، لكن في الحياة المهنية هناك مصادر أخرى للتوتر، منها عدم مراعاة التراتب الوظيفي وغياب الوعي الأخلاقي، مما يتسبب في زيادة نسبة التوتر العصبي.

الفرنسيون والتوتر

4 من كل 10 فرنسيين اختبروا زيادة التوتر في السنوات الأخيرة.
9 من كل 10 أشخاص يشعرون بالتوتر.
نسبة 60% من النساء، ونسبة 57% بين 25 و34 عامًا، يمثلن الفئة الأكثر توترًا.
نسبة العوامل المسببة للتوتر: الحياة المهنية 36%، المشكلات الاقتصادية 35%، الحياة الشخصية 33%، المشكلات الصحية 31%، عدم الشعور بالأمان 26%، صعوبة التوفيق بين الحياة العملية والحياة الشخصية 21%، المواصلات 12%.

المصدر: استطلاع رأي أُجري بين 4 و6 أكتوبر 2017، على عينة تعدادها 1017 شخصًا، في عمر 18 عامًا فما فوق.

الأمر كله يتعلق بالإدراك

لكل شخص رد فعل خاص به

كل فرد يتفاعل تفاعلًا مختلفًا تجاه موقف واحد. على سبيل المثال: لديك مقابلة عمل، قد يسبب لك الأمر توترًا شديدًا للغاية، لكن الموقف بالنسبة إلى صديقك لا يتعدى كونه إجراء شكليًّا فقط. والأمر كذلك في حياتك الشخصية، فقد تمر بحادثة وقعها شديد عليك، لكنك تُحسن التعامل معها وتستوعبها بهدوء أفضل من شخص آخر. إذن، لا نستطيع أن نحصر تعريف التوتر في أنه رد فعل بيولوجي فسيولوجي، وإنما هناك عناصر أخرى تلعب دورها: طباعك، ونشأتك، وقدراتك الذهنية، ومميزاتك الشخصية، وحالتك الصحية، وقيمك، وقناعاتك الشخصية، والعوامل الثقافية التي أثرت فيك، وظروفك المعيشية، وما إلى ذلك من العناصر الأخرى. هذا المخزون المعرفي والعاطفي يدفعك إلى إدراك حجم التوتر الذي تشعر به وكيفية التعامل معه.

التوتر = العوامل المسببة للتوتر × القابلية للتوتر
(تقديرك للموقف وقدراتك الشخصية)

عامل التوتر
=
الموقف

هل يمكنك التصرف حيال ذلك؟
لا، غالبًا.

رد الفعل تجاه التوتر
=
ردود الفعل الفسيولوجية لجسمك

هل يمكنك التصرف تجاهها؟
نعم، هناك طرق لمواجهة الانفعالات الفسيولوجية، واستعادة السكون.

السلوك
=
نظرتك إلى الموقف وفقًا لنشأتك وطبعك ووسائلك... واستراتيجيتك للتكيف

هل يمكنك التصرف عند التوتر؟
نعم، يمكن تغيير التصور تجاه المواقف ومضاعفة الموارد الشخصية.

هامش للتصرف

خبر سار: بما أن التوتر يختلف من شخص إلى آخر، فلديك إذن هامش للمناورة. أنت الآن في مواجهة موقف يتسبب في توترك، إضافة إلى مواجهة نفسك أيضًا، بمعنى أنك تواجه إدراكك للموقف ورد فعلك تجاهه. هل رأيت كيف تتجه الأمور؟

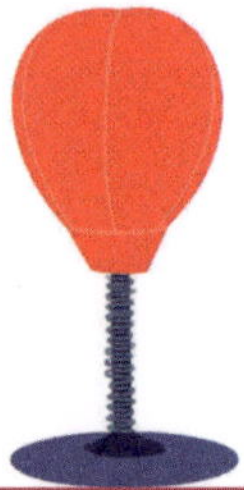

الفصل الثالث

لماذا يكون الإفراط في التوتر ضارًّا؟

عندما يكون التوتر عابرًا وبسيطًا فإنه صديق يريد لك الخير. لكن حين يستعذب مكانه ويقيم عندك فإنه يتحول إلى عدو يستولي على كل آليات الدفاع الخاصة بك بلا رحمة، ويحاول إفساد جميع أنظمتك الفسيولوجية! الخطر يكمن حين يتغلب عليك ويطرحك أرضًا!

الوصول إلى مرحلة الإنهاك

التوتر الحاد في مقابل التوتر المزمن

تقود سيارتك، وفجأة تتوقف السيارة التي أمامك بلا سابق إنذار: هذا موقف نموذجي للتوتر الحاد، إذ تندفع هرمونات التوتر كي تشغِّل حالة التأهب الشديدة، وتساعدك على التعامل الصحيح مع الموقف في فترة لا تتجاوز ربع الثانية. لكن تترسخ المشكلة عندما يطول الموقف المتسبب في التوتر أو يتكرر أو يتصاعد، مما يجعل هذا التوتر مزمنًا أو مَرضيًّا، عندئذ تشعر بقلة الحيلة، وبأن الأحداث تجاوزت قدراتك، وهكذا تصل إلى مرحلة الإنهاك: يعمل جهازك العصبي السمبثاوي بلا توقف، وتختل آليات تنظيم إنتاج الكورتيزول، ويغدو جسمك في حالة إفراز مستمر لهرمونات التوتر، وتتسارع آلية تشغيل جسمك بإفراط، وهذا هو تأثير «الدومينو» (التفاعل التعاقبي)، أي التأثير السلبي في جميع أجهزة الجسم على التوالي (الجهاز الهضمي، والقلب، والجهازين المناعي والتناسلي، وغيرها).

الأضرار المحتملة لإفراز هرمونات التوتر بإفراط

جميع الخلايا

- توليد الإجهاد التأكسدي (إنتاج جذور حرة تدمر الخلايا).

الدماغ

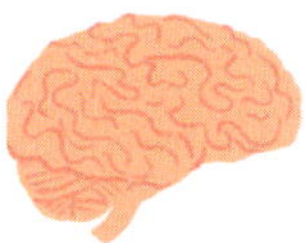

- وقف إنتاج الخلايا العصبية الجديدة في «الحصين» المسؤول عن الذاكرة.
- تثبيط عملية وصول السيروتونين، أي هرمون السعادة.
- اضطراب إنتاج «جاما أمينوبوتيريك»، أحد النواقل العصبية التي تنظم نشاط الخلايا العصبية في الدماغ.
- اضطراب إنتاج الميلاتونين ودوره في عملية النوم.

جهاز المناعة

- انخفاض إفراز بعض السيتوكينات (المسؤولة عن القضاء على الفيروسات).

نظام القلب والأوعية الدموية

- رفع ضغط الدم.
- تضييق الأوعية الدموية.
- رفع مستوى الكوليسترول الضار وخفض النافع منه.

الجهاز الهضمي

- بطء حركة الأمعاء.
- خفض امتصاص العناصر الغذائية.
- الإخلال بتوازن نظام الجراثيم المعوية المفيدة.

الدم

- رفع نسبة الجلوكوز (السكر في الدم).
- زيادة نسب التجلط في الدم.

العظام

- خفض امتصاص الكالسيوم.

العضلات

- انقباض عضلي مستمر.

البشرة

- خفض عملية تركيب الكولاجين (المسؤولة عن مرونة الجلد)، والميلاتونين (مُرمم الخلايا).
- زيادة إفراز الزُّهم (مادة مسؤولة عن تشحيم الجلد وتشميعه).

الخصوبة

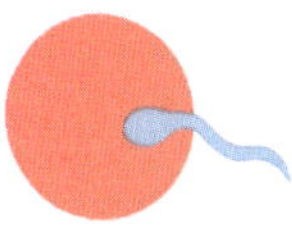

- الإخلال بعملية إفراز هرمون المبيض.
- الإخلال بعملية إنتاج الحيوانات المنوية.

← الأمراض الرئيسية المرتبطة بالتوتر المزمن:

- متلازمة الأيض أو التمثيل الغذائي (ارتفاع ضغط الدم + السمنة في منطقة البطن + مقاومة الأنسولين + ارتفاع نسبة الكوليسترول في الدم).
- أمراض القلب والأوعية الدموية.
- مشكلات الجهاز العضلي الهيكلي.
- القلق والاكتئاب.

الأعراض التي يجب الانتباه لها

تحدث تغيرات فسيولوجية في الجسم، وتبدو جلية مع ظهور عدة أعراض، إليكم أهمها، فقد حان وقت الفحص السريع:

الأعراض الجسدية	الأعراض النفسية والوجدانية	الأعراض الذهنية
• آلام العضلات والمفاصل. • الصداع. • المغص والانتفاخ والتقلصات والإمساك. • اضطراب النوم. • اضطراب الشهية. • الشعور بالضيق النفسي. • الارتعاش والتشنجات اللاإرادية العصبية. • فقدان الرغبة الجنسية والعجز. • اضطراب الدورة الشهرية أو انقطاعها.	• المشاعر المرهفة جدًّا. • العصبية. • الخوف والقلق. • الحزن. • الانفعال.	• اضطراب الذاكرة. • صعوبة التركيز. • صعوبة اتخاذ القرارات.

الفوارق بين التوتر والقلق والاكتئاب والإنهاك!

القلق: سيطرة المخاوف على مشاعرك

يرتبط القلق بالمشاعر، وهو شعور طبيعي في بعض الأحيان، لكنه يتحول إلى مشكلة عندما تطول مدة الإحساس بالخوف مثلما الحال مع التوتر، ويظهر تأثيره السلبي في الحياة اليومية للفرد، حيث يتملك الخوف من الشخص، ويصبح كأنه كتلة مستقرة دائمًا في المعدة، أو كأنه سحابة سوداء تحلق باستمرار فوق الرأس. تتوقع السيئ وتتخيل الأسوأ، وتضع مجموعة من السيناريوهات لتجنبه. وحين يتحول القلق إلى معاناة يومية ومصدر للضيق والتعب عندها تكون أمام اضطراب القلق العام.

الإنهاك: حالة الإجهاد التام

تنفَّس

قد يؤدي التوتر المزمن إلى الإنهاك، وهو حالة من الإعياء الجسدي والحسي والذهني. في بادئ الأمر ظهر تعريف هذه المتلازمة في مجال الحياة العملية فقط، ثم لُوحِظ لاحقًا ظهور الإنهاك في الحياة الأسرية أيضًا، لا سيما عند الأمهات المرهقات. والإرهاق الجسدي والذهني لا يزول مع الراحة. وثمة أعراض تشير إلى وجود حالة الإنهاك: قلة التركيز، وضَعف الحافز، والشعور بالفراغ، والتقلب المزاجي، واضطراب النوم، والشعور بقلة الكفاءة، والميل إلى العزلة.

الاكتئاب: انزعاج عميق

قد يؤدي التعرض للتوتر الشديد والمستمر إلى الاكتئاب. والاكتئاب مرض «حقيقي» لا يجب الخلط بينه وبين الكآبة، فالكآبة شعور يمر به الإنسان في بعض اللحظات العابرة. ونتحدث عن الاكتئاب إذا كان لدينا على الأقل خمسة من الأعراض التالية تلازمنا يوميًّا، وعلى مدى أسبوعين على الأقل:

- الحزن شبه المستمر.
- انخفاض الحيوية (فقدان الاهتمام بالأمور الحياتية اليومية حتى الممتعة منها).
- اضطراب الشهية.
- اضطراب النوم.
- شعور مفرط وغير واقعي بانعدام القيمة، وشعور مستمر بالذنب.
- انخفاض الحافز النفسي الدافع للحركة.
- الشعور بالتعب منذ الصباح.
- صعوبات في الانتباه والتركيز والحفظ.
- التفكير المتكرر في الموت أو الانتحار، والشعور بأن الحياة لا تستحق أن نحياها.

متى تستشير الطبيب؟

عند الشعور بالأعراض الخمسة التالية عليك باستشارة الطبيب فورًا: لست بخير، وغير مرتاح، وفاقد للطاقة، وحزنك يؤثر في نشاطاتك اليومية، وتحس بالمعاناة. يجب أن تخرج من قوقعتك فورًا وتستشير الطبيب، إنها الخطوة الأولى نحو التحسُّن.

الفصل الرابع

تعلم إدارة التوتر بالطرق الأفضل

أعصابك مشدودة مثل القوس، والتوتر يفسد حياتك!
أليس هذا السبب كافيًا للحد منه؟
وبعد إلمامك بمجمل آثاره الضارة على صحتك،
تزيد قناعتك بضرورة العلاج الفوري والجدي!

جسمك على المحك

الشيخوخة في الوقت المناسب!

التوتر يعمل مثل زر التسريع في جهاز التحكم عن بُعد، ويعبر بالإنسان سريعًا نحو الشيخوخة. والأمر لا يتعلق بظهور تجاعيد الوجه فحسب، بل بتأثيره في كل خلايا الجسم. وقد أثبتت بعض الدراسات أن الأشخاص الذين يعانون التوترَ المزمن تكون «التيلومترات» لديهم، أي نهايات الكروموسومات التي يشير طولها إلى عمر الخلية، قصيرة إلى حد غير عادي. الخلاصة: يقضي التوتر المزمن على الخلايا الحية قبل الأوان، ويؤثر في وظائفها، ويتسبب في زيادة إنتاج الجذور الحرة (انظر صفحة 21).

بالأرقام

تؤدي الأفكار العميقة وتأملات الليل إلى إصابة أكثر من 45% من الفرنسيين بالأرق.

يعاني 43% من الفرنسيين آثار التوتر.

المصدر: المسح العالمي لعام 2019/ شركة «سانوفي» الصحية المنتجة لعقار نوفانوي & أونيبول.

تحصين الجهاز المناعي

لديك قابلية لالتقاط أي جرثومة، والسبب يرجع إلى التوتر الشديد الذي تمر به! إذ إن التوتر يتسبب في إضعاف جهازك المناعي، وهذا ما نعرفه منذ فترة طويلة. لقد أجرى مركز مرسيليا-لوميني لعلم المناعة دراسات تجريبية[3] في هذا المجال، وبيَّن أن آلية أو آليتين على الأقل معنية بجهاز المناعة. وإليك ما يحدث: ترتبط هرمونات التوتر بالمستقبلات في الجسم، وخصوصًا مستقبلات الأدرينالين «بيتا 2» الموجودة في الخلايا المناعية، وتتسبب في خفض استجابة بعض هذه الخلايا، وهي «الخلايا القاتلة الطبيعية». وعادة ما تنتج الخلايا القاتلة الطبيعية السيتوكينات (جزيئات مضادة للالتهابات) اللازمة للقضاء على الفيروسات والجراثيم، وفي حالة التوتر تضعف قدرة جسمك الدفاعية ضد الالتهابات.

النوم بعمق

بالك مشغول ولا تستطيع النوم ← أنت متعب ← تشعر بالتوتر، لأنك في الصباح لن تكون في حالة جيدة تساعدك على مواجهة التحديات اليومية ← أنت مهموم! تجتر الأفكار، وتجد نفسك تدور في دائرة مفرغة: توتر/ صعوبة في النوم/ توتر. رأسك على الوسادة ولا تستطيع إيقاف دوران الهامستر في ذهنك، ومع زيادة إفراز هرمونات التوتر، وزيادة الأدرينالين والكورتيزول، يتنبه دماغك، ويتعطل إفراز الميلاتونين (هرمون النوم). وقد تنخفض مستويات الكورتيزول في الليل، لكن جسمك لا يزال في حاجة إلى قدر كافٍ من النوم! عندما تنام 6 ساعات فقط بدلًا من 8 ساعات، ترتفع معدلات الكورتيزول بنسبة 50%، وها نحن نعود إلى منهجية الثعبان الذي ابتلع ذيله... الدائرة المفرغة! ومن أجل الانتقال من الدائرة المفرغة إلى الدائرة الصحيحة، لديك حل واحد فقط: التحكم في التوتر والتقليل من حدته للحصول على قدر كافٍ من النوم، والعناية بنومك كي تسيطر على التوتر بطريقة أفضل.

أخبرني يا دكتور جوود

ماذا عن التوتر التأكسدي؟

كل خلية في الجسم تشبه مصنعًا صغيرًا يحتاج إلى الأكسجين كي يعمل. المشكلة أنه مع وجود الأكسجين تنتج الخلايا جذورًا حرة تلتصق بجزيئات مجاورة وتحولها بدورها إلى جذور حرة، وهكذا دواليك. وهذا التفاعل المتسلل إذا لم يواجَه بواسطة مواد مضادة للأكسدة (تتوفر في بعض الأطعمة)، ينتج الجذور الحرة بكثرة، ويتسبب في نشأة التوتر التأكسدي، وعندها «تصدأ» الخلايا وتتسارع علامات الشيخوخة في الظهور. ومن العوامل التي تعزز التوتر التأكسدي: التدخين، والنظام الغذائي غير المتوازن، والتلوث، وحرارة الشمس، والرياضة المكثفة. وخمن ماذا أيضًا؟ التوتر!

حافظ على قلبك

التوتر: العدو الأول

سواء كان التوتر حادًا أو مزمنًا فإنه يضغط على القلب بشدة، مما يتسبب في تغيرات فورية (ارتفاع ضغط الدم، وضيق الشرايين التاجية، وانخفاض حجم الدم، وسرعة تجلط الدم). ويمكن للتوتر الحاد أن يؤدي إلى حدوث نوبة قلبية، خصوصًا لدى الأشخاص المعرَّضين أصلًا للإصابة بالأزمات القلبية. وقد سمعنا عن إصابة شخص بنوبة قلبية في أثناء متابعته لإحدى مباريات كرة القدم! أما التوتر المزمن فإنه يعمل بطريقة خفية وملتوية، ويضاعف خطورة العوامل المؤدية إلى الأزمات القلبية وأمراض الأوعية الدموية: ارتفاع ضغط الدم، وارتفاع الكوليسترول في الدم، ومرض السكر، والخمول، وزيادة الوزن، والتدخين. وقد رصدت دراسة أُجريت في عام 2017[4] آلية أخرى، فإذا كان الضغط العصبي شديدًا، تحفز اللوزة الدماغية المسؤولة عن التحكم في المشاعر نخاع العظام، كي يزيد إنتاج كريات الدم البيضاء، فتتراكم في الشرايين مسببة تصلُّبها (ترسبات دهنية على الجدران الداخلية للشرايين تعوق تدفق الدم)، مما يزيد من مخاطر الإصابة بأمراض القلب والأوعية الدموية.

«تاكو-تسوبو»: متلازمة القلب المكسور

إن انكسار القلب إثر مأساة عاطفية أو طلاق، ليس استعارة تشبيهية، بل إنه ينكسر فعليًا! فقد يتسبب التوتر الحاد في الإصابة باعتلال «تاكو-تسوبو»، أي متلازمة القلب المكسور، أو ضَعف عضلة القلب. ونتيجة لذلك تظهر بعض الأعراض التي تشبه أعراض الأزمة القلبية: ضيق التنفس، وألم مفاجئ في الصدر، واضطراب في ضربات القلب، والشعور بالدوار، والإحساس بالتعب المبهم. والتوتر هو المسؤول عن تلك الأعراض كونه سبَّب ارتفاع هرمونات التوتر في الجسم، وأوقف انقباض جزء من عضلة القلب تمامًا. وعلى الرغم من استمرار نبض القلب فإن عضلته تنتفخ على شكل قارورة، «أمفورا» عند الإغريق، ومن هنا جاءت التسمية «تاكو-تسوبو»، وتعني «فخ الأخطبوط» عند اليابانيين. وفي فرنسا، يصاب نحو 2000 شخص سنويًا بمتلازمة القلب المكسور.

أضف إلى معلوماتك

قلوب النساء أكثر ضعفًا في مواجهة التوتر

شرايين النساء التاجية أصغر حجمًا، مما يجعلهن أكثر عُرضة للتشنجات التي يسببها التوتر. والنساء اللاتي يعانين التوتر في العمل يتعرضن بنسبة 40% لأمراض الشرايين التاجية، وقد ترتفع هذه النسبة إلى 88% عندما يتعرضن لانعدام الأمان الوظيفي والنتائج القاسية المترتبة على ذلك[5].

ذهن متقد ولياقة أفضل

وداعًا يا كرشي الصغيرة

هأنت تلتهم قطعة كبيرة من الشوكولاتة بعد يوم طويل ومرهق! وهذا مشهد مألوف. إن التوتر الحاد يفقدك الشهية، لكن التوتر المزمن يدفعك إلى تناول لقيمات صغيرة متتالية، وهذا أمر طبيعي عند ارتفاع مستوى الكورتيزول في الدم. وينجم عن ذلك ارتفاع نسبة إفراز هرمون السيروتونين المسؤول عن الشعور بالراحة، مما يدفعك إلى البحث عن الأطعمة اللذيذة و«غير الخفيفة» المشبعة بالدهون والسكريات، وهي المواد التي يستدعيها الدماغ للشعور بمزيد من اللذة. وكذلك يرفع الكورتيزول مستوى السكر في الدم لتزويدك بالطاقة اللازمة كي تواجه هذا الموقف العصيب، مما يستدعي إنتاج الأنسولين بكثرة (هرمون يفرزه البنكرياس لتنظيم مستوى السكر في الدم)، فيتسبب على المدى البعيد في تراكُم الدهون، خصوصًا في منطقة البطن حيث الخلايا الشحمية (الخلايا التي تخزن الدهون) التي تمتلك مستقبلات عديدة للكورتيزول. هذه الظاهرة تغلب عند النساء! ومثلما علمنا، فإن التعرض المتكرر للتوتر يدفع الدماغ إلى إفراز كمية كبيرة من «NPY»، أي جزيء «نيوروببتيد» المسؤول عن تحفيز الشهية.

صباح الخير يا بشرتي الجميلة!

يعزز التوتر التأكسدي، بمساعدة جيش الجذور الحرة، الظهور المبكر لشيخوخة الجلد، وهذا أمر معروف. أما التوتر العادي فيتسبب في إفراز كمية كبيرة من الكورتيزول، مما يعطل الكولاجين المسؤول عن مرونة الجلد، ويعطل الميلاتونين المضاد القوي للأكسدة ومُجدِّد الخلايا. والنتيجة هي ظهور سريع للتجاعيد والثنيات وثباتها. ومع أن الجلد يتجدد في فترة المساء، إلا أن التوتر يسبب اضطراب النوم فيحرمك من هذا التجديد. ويـؤدي التوتر إلى الإصابة ببعض الأمراض الجلدية أو تفاقمها، مثل: الإكزيما، والصدفية، والتهاب الجلد الدهني، والهربس، ومرض القوباء. والتوتر ليس بريئًا من مشكلة حَبِّ الشباب أيضًا بما أنه يتسبب في الإفراز المفرط للزُّهم الذي ينتج عنه التهاب الجلد وصعوبة شفائه.

أضف إلى معلوماتك

عامل خطير

تُعد آثار التوتر المزمن أكثر خطورة على الأشخاص المُعرَّضين للأمراض المزمنة (السكر من النوع الثاني، وارتفاع ضغط الدم، وأمراض القلب، إلخ). ويعمل التوتر كعامل محفز، ويفاقم خطر الإصابة بأمراض أخرى، مثل: مرض «كرون» (التهاب مزمن في الأمعاء)، والصدفية والإكزيما والقرحة والربو، إلخ.

الحفاظ على ذهن صافٍ

يدفعك التوتر الحاد إلى التفكير والتصرف بسرعة شديدة، في حين أن التوتر المزمن يبطئ من سرعة التفكير. وقد أثبتت الدراسات أن التوتر المزمن يتسبب في تدهور هيكلي يتمثل في خلل وظائف تحت المهاد والقشرة الجبهية الأمامية، وهما منطقتان رئيسيتان في الدماغ تتشاركان في عمل الذاكرة. تحاول أن تتذكر اسم شخص ما؟ أو تبحث عن مفاتيحك منذ ساعة؟ لقد تسبب التوتر في ذلك، وقد يتسبب فيما هو أسوأ، فاستمرار التوتر المزمن يزيد من خطورة الإصابة بالاضطرابات العصبية النفسية مثل الاكتئاب والخرَف.

الإجهاد المتوقع

يُضعف الإنتاجية!

عندما تستيقظ في الصباح متوترًا، وتخشى من حجم الإجهاد المتوقَّع الذي ينتظرك، فهذا التوقُّع يُضعف من كفاءتك في العمل. إن فكرة توقُّع الإجهاد تعزز مشكلات الذاكرة طوال اليوم حتى لو انتهى يومك من دون التعرض للتوتر، فالشعور بالتوتر يكفي وحده لتعطيل الوظائف الإدراكية.

الفصل الخامس

اطلب المساعدة

عندما يتمكن منك التوتر، ويسيطر عليك تمامًا، وتشعر بأنك أسير دوامة لا يمكنك الخروج منها، فاعلم أن وسائل المساعدة المتاحة عديدة، وهذا عرض سريع لبعض الحلول التي تساعدك على التحرر من هذه الدوامة.

زيارة الطبيب النفسي

العلاج النفسي التقليدي: التعرف على الذات

يمكن التعامل مع التوتر بعدة طرق في الطب النفسي، انطلاقًا من أن كل شخص يختلف عن الآخر، ولكل شخص قصته. قد يبدأ الطبيب بالتعرف على حكايتك الشخصية لتحديد هويتك وقناعاتك وأفكارك السلبية التي تحكم رؤيتك للمواقف وردود فعلك تجاه الضغوط، خصوصًا الصعب منها. ويمكن للعلاج النفسي أن يغير نظرتك إلى البيئة المحيطة بك، ويساعدك على إيجاد سبل أخرى لمواجهة التحديات اليومية. وإذا كانت مظاهر الإجهاد جسدية لديك، فقد يتطلب العلاج بعض الجهد البدني أيضًا للعودة إلى حالة الاسترخاء. وبالطبع يمكن الجمع بين النهجين.

من الناحية العملية

تختلف مدة العلاج النفسي باختلاف الحالات، فقد تمتد لأشهر أو سنوات. ويتوفر العلاج النفسي في المستشفيات الحكومية مشمولًا بالتأمين الصحي، ويخصص غالبًا للاضطرابات النفسية الحادة فقط. أما في العيادات الخاصة فتتراوح تكلفة الجلسة النفسية بين 40 و100 يورو، لكن بعض العيادات تقدم تخفيضات خاصة.

العلاج السلوكي المعرفي: تعديل السلوك

تهدف جلسات العلاج السلوكي المعرفي العملية إلى: أولًا، تحديد الأفكار والقناعات الخاطئة التي أدت إلى تكوين نظرة خاطئة حيال المواقف، وبالتالي إلى سلوك غير مناسب. ثانيًا، إلى تعديل ذلك السلوك. يقترح الطبيب المعالج عدة تمارين معرفية تستهدف الأفكار التي تسببت في الشعور بالتوتر (مثل: أنا لا أساوي شيئًا، لن أتمكن من إتمام مهامي في الوقت المحدد، إلخ)، وتمارين بدنية مدروسة، وتقنيات تساعد الجسم على استعادة حالة الاسترخاء، إضافة إلى تمارين سلوكية لتعلُّم التعبير عن الذات بصورة أفضل.

من الناحية العملية

يستمر العلاج السلوكي المعرفي عادة عدة أسابيع أو شهور. وتقدم المستشفيات الحكومية جلسات مشمولة بالتأمين الصحي من خلال أطباء متخصصين في هذا المجال. وكذلك توفره العيادات الخاصة وفق طرق علاج مطابقة للطب النفسي التقليدي، وتتراوح تكلفة الجلسة بين 40 و100 يورو.

التنويم المغناطيسي: استخراج مصادر التوتر من العقل الباطن

تُعَد السيطرة على التوتر من أهم دواعي العلاج بالتنويم المغناطيسي. ويحث هذا التنويم على الاسترخاء العميق، ويسمح بإعادة تشكيل أفكارك اليومية. ولم يعُد التنويم يعتمد طريقة النظر إلى البندول (مثل رقاص الساعة)، بل يحدث عن طريق اقتراحات المعالج التي تصحبك وأنت في حالة معدَّلة من الوعي بين اليقظة والنوم. تلك الحالة تجعلك تترك الأمور لتأخذ مجراها: تُسقط الحواجز والعوائق التي يفرضها الوعي، وتنفصل عن العقل الواعي لتصل إلى العقل الباطن. وفي هذه الحالة تتجاوز أي نوع من المقاومة، وتعيد تشكيل الأفكار السلبية وتحوِّلها إلى إيجابية، وتعزز ثقتك بنفسك وتقديرك لذاتك.

من الناحية العملية

لا يتطلب التوتر المعتدل سوى عدد قليل من جلسات التنويم المغناطيسي. لكن ممارسة العلاج بالتنويم المغناطيسي في فرنسا متباينة بسبب التفاوت في تأهيل المعالجين وكفاءتهم. لذلك من الأفضل التوجه إلى متخصص في هذا المجال (طبيب، أو طبيب نفسي، أو أخصائي اجتماعي، أو ممرض) ممن خضعوا للتدريب الأوَّلي في مجال التنويم المغناطيسي، فهؤلاء وحدهم لديهم الوضع القانوني والترخيص للعلاج بالتنويم المغناطيسي، ويعتمدون على معيار مهم وأساسي، وهو الإحساس بالموقف، أي الحدس. وتتراوح تكلفة جلسة التنويم المغناطيسي بين 40 و100 يورو.

الوصفات الشائعة

المغنيسيوم: المعدن المضاد للتوتر

أول ما يصفه الطبيب للمريض الذي يشعر بالتوتر والتعب والضغط هو جرعة بسيطة من المغنيسيوم. وقد أصبح المغنيسيوم علامة مميزة لارتباطه

بعلاج التوتر، وهو يدخل في أكثر من 300 تركيبة كيميائية خاصة بالنواقل العصبية وإرخاء العضلات وإنتاج الطاقة اللازمة للخلايا، فضلًا عن أنه يقلل مستوى إفراز هرمونات التوتر (خصوصًا الكورتيزول)، ويقلل استجابة الجسم لهذا الهرمون. لكن ما نتناوله اليوم من غذاء مصنَّع ومعالج يفتقر كثيرًا إلى معدن المغنيسيوم، ولا ننسَ أن التعرض للتوتر يؤدي إلى تغيرات فسيولوجية كثيرة، من بينها قلة امتصاص هذا المعدن وفقد كمية كبيرة منه في أثناء التبول، إضافة إلى الحلقة المفرغة التي يُنتج فيها التوتر مزيدًا من التوتر. لذا من الأفضل تناول المغنيسيوم ذي المصدر البحري، إضافة إلى فيتامين «ب6»، وحمض التورين العضوي، للحصول على امتصاص أفضل.

بالأرقام

18% من السكان لديهم خصوصية وراثية، وعلامة جينية يُرمز إليها بـ«HLA-B35»، تخفِّض نسبة احتفاظ الخلايا بالمغنيسيوم. فلا فرصة لدى هؤلاء إلا بتناول المكملات.

علاجات مهدئة للقلق والتوتر

عندما يتفاقم التوتر، ويؤثر في سير الحياة اليومية، ويولِّد قدرًا كبيرًا من المعاناة، عندئذ يجب الاستعانة بمضادات القلق أو المهدئات الخفيفة. وغالبًا ما يصف الأطباء عائلة البنزوديازيبينات الأكثر استخدامًا (ليكزوميل، وزاناكس، وفاليوم، ولايزانزيا على وجه الخصوص)، إذ تعمل هذه الأدوية على مستوى الجهاز العصبي المركزي، وعلى نواقل «جاما أمينوبوتيريك» المسؤولة عن نقل مشاعر الهدوء وتعزيز وظيفتها. وتساعد أيضًا هذه الأدوية الفعالة على تهدئة التوتر العصبي والجسدي والخلود إلى النوم. لكن الاستخدام الدائم لها لا يسلم من الآثار الجانبية، مثل: النعاس، والشعور بالدوار، واختلال التوازن، واضطراب الذاكرة. وإذا زادت مدة تناولها على 12 أسبوعًا فخطر الاعتماد عليها وإدمانها يزداد.

أخبرني يا دكتور جوود

هل الحل في البنزوديازيبينات؟

إن فعالية البنزوديازيبينات (مهدئات عصبية ثانوية) محدودة، وعلى الرغم من ذلك تجد فرنسيًّا من كل خمسة فرنسيين يستخدمها. وإضافة إلى آثارها الجانبية، فإنها لا تعالج أصل المشكلة المتمثل في عوامل التوتر وطريقة التعامل معها. إنها تشبه وضع الضمادة فوق جرحٍ قبل تطهيره.

العلاج بمحفزات الطاقة

الوخز بالإبر: فتح مسارات الطاقة

في الطب الشعبي الصيني، تعتمد الصحة على السريان الجيد للطاقة وتدفقها السليم في الجسم، ويطلق عليها اسم «qi». هذه الطاقة الحيوية تسري في جميع أنحاء الجسم عبر قنوات وخطوط طول. ويكبح التوتر عملية سريان الطاقة، فتصبح كأنها محبوسة في «عنق الزجاجة». وتبدأ الاستشارة العلاجية بالاستفسار عن بداية ظهور أعراض التوتر ومظاهره، وعن التاريخ المَرضي للأسرة، والمشاعر أيضًا، لأن كلًّا منها يرتبط بأحد أعضاء الجسم. وبعد تقييم الحالة، يبدأ الممارس بوخز إبر رفيعة في أماكن محددة في الجسم، لاستعادة تدفق الطاقة «qi» إلى حالته الطبيعية.

من الناحية العملية

عند الانتهاء من الجلسة ستشعر بالاسترخاء، لكن من أجل إطالة تأثيرها عليك بإجراء عدة جلسات. يمكنك الاتفاق على عدد محدد من جلسات العلاج بوخز الإبر، جلسة أو اثنتين سنويًا. ويمكن للمتخصص المُدرَّب في مجال العلاج الصحي (طبيب، أو قابلة قانونية، أو طبيب أسنان) ممارسة هذا النوع من العلاج. وتتراوح تكلفة الجلسة بين 40 و120 يورو، وتستطيع أن تسترد جزءًا من هذه التكلفة إذا كان المعالج تابعًا لنظام التأمين الصحي.

علم المنعكسات الأخمصية: تخفيف التوتر

يرتكز علم المنعكسات (رفلكسولوجي) على نظرية مفادها أن نقاطًا معينة في أخمصَي القدمين ترتبط بأعضاء الجسم وأجهزته كلها. وعندما نضغط عليها بالأصابع نستطيع التأثير عن بُعد في الأعضاء الأخرى، مما يخفف الشعور بالتوتر ويساعد على الوصول إلى حالة من الاسترخاء التام. فالغدة النخامية وتحت المهاد في الدماغ يقابلهما النقطة التي تقع تحت الإبهام الكبيرة في القدم. أما الغدتان الكظريتان المسؤولتان عن إفراز هرمون التوتر فتقابلهما منطقة الحجاب الحاجز التي تتحكم في عملية التنفس، وهذه هي أهم المناطق التي يعتمد عليها علم المنعكسات للتخلص من التوتر.

من الناحية العملية

التوتر المعتاد تكفيه بضع جلسات. ولا توجد في فرنسا شهادة معتمدة من الدولة في مجال علم المنعكسات. وتتراوح تكلفة الجلسة بين 40 و80 يورو، ولا تغطيها الدولة.

«شياتسو»: تنظيم الطاقة باليدين

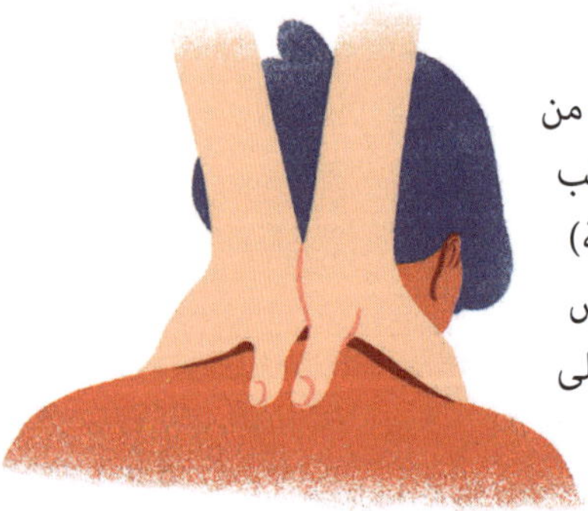

«شياتسو» كلمة يابانية تعني الضغط بالأصابع، وهو علم جاء إلينا من اليابان، حيث يُعتمد هذا الطب منذ عام 1954. ويتفق مع الطب الصيني التقليدي على مبدأ تدفق الطاقة الحيوية («qi» باليابانية) في الجسم كله عبر خطوط الطول. ببساطة، يستخدم ممارس «الشياتسو» أصابعه وكفيه، فيضغط بقوة وفي مدد متفاوتة على نقاط محددة عبر خطوط الطول في الجسم لتحرير الطاقة (qi) وتنظيمها.

من الناحية العملية

التوتر المعتاد تكفيه بضع جلسات. ومهنة ممارس «الشياتسو» ليست معتمدة في فرنسا. وتتراوح تكلفة الجلسة بين 40 و80 يورو، ولا تغطيها الدولة.

الوصفة الصحية

بعدما تعرفت على التوتر، عليك الآن أن تحفظ الوسائل الأربع التي ستعينك على التعامل الصحيح معه.

1. **لا بأس بالجرعة الصغيرة:** حالة التوتر رد فعل طبيعي للجسم عندما يواجه وضعًا سبق له أن اختبره، ويرى فيه تهديدًا لسلامته. فهرمونات التوتر تُصدر سلسلة من ردود الفعل الفسيولوجية لتضمن بقاءك على قيد الحياة.
2. **الزيادة على الحد تنقلب إلى الضد:** يصبح التوتر ضارًا عندما يتحول إلى حالة مزمنة، فينتج عن ذلك بقاء أعضاء الجسم في حالة تأهُّب مستمر، مما يؤثر في كفاءة القلب، والأوعية الدموية، وجهاز المناعة، والجهاز الهضمي، والعديد من الأجهزة الأخرى. وتكون النتيجة أعراضًا جسدية ونفسية تشير إلى حدوث أمراض.
3. **رد الفعل شخصي:** الأمر الذي يشعرك بالتوتر قد لا يؤثر في جارك بالقدر نفسه، فالمسألة نسبية وتختلف من شخص إلى آخر، وفقًا للطباع والخبرات والظروف المعيشية والأفكار، وكلها عوامل تؤثر في ردود الفعل عند مواجهة الضغوط، وتختلف استراتيجية التأقلم معها أيضًا.
4. **يمكن التعامل معه:** التوتر رد فعل متباين من شخص إلى آخر، ما عليك إلا تعديل نظرتك إلى الأمور وتحسين مواردك الشخصية، وستكون المستفيد على كل الأصعدة: الصحة، والطاقة، وسلامتك البدنية والذهنية.

التقييم المبدئي الخاص بك

أعراض التوتر الرئيسية الخاصة بك (الجسدية والذهنية):

الضغوط الرئيسية في حياتك:

الأفكار الأولى التي تتبادر إلى ذهنك للحد من الضغوط:

الفوائد التي تتوقعها بعد التعامل الصحيح مع التوتر:

الجزء الثاني

تدريبات الدكتور جوود!

بعد أن استوعبنا جيدًا آلية التوتر، هيا بنا إلى العمل! لا شك أن الماكينة معقدة قليلًا، وأحيانًا يصعب فك أقفالها أو تزييت تروسها، لكن عندما تكون في حوزتك أدوات صيانة جيدة، ستتمكن من حل نظام هذه الماكينة وتغيير وسائل تشغيلها. من خلال برنامجنا «كن هادئًا ومسترخيًا على مدى الساعة»، ستتعلم طرق التحكم في ردود أفعالك والتقنيات والعادات التي تتبعها لمواجهة التوتر.

الفصل الأول

ابدأ يومك بهدوء وسكينة

يتكرر هذا السيناريو كل صباح: المنبه يرن، فتتذمر قليلًا، ثم تشعر بالتوتر وأنت تفكر في المهام التي تنتظرك، ثم تقرر أن تقتحم غمار يومك كأنك تلقي بنفسك إلى التهلكة! لكن عليك أن تتباطأ قليلًا لتحظى ببعض لحظات الاسترخاء! نعم، سيستغرق الأمر بعض الوقت، وسلامتك تستحق أن تنفق بضع دقائق من أجلها، أليس كذلك؟

الاستيقاظ مع نظام «زِن» المهدئ

ابدأ يومك بطريقة صحيحة

زميلك أو حماتك أو مصفف شعرك يشددون جميعًا على أهمية التأمل: هل هذه صيحة العصر الآن؟ ليس الأمر كذلك، لكن للتأمل فوائد عدة أثبتها العلم، خصوصًا في حالة التوتر. وهو مفيد جدًّا لك إذا كنت ضمن **النمط الثالث**، فهو يساعدك على إيقاف دوامة الأفكار التي تدور في رأسك وتغذي توترك باستمرار.

عِش اللحظة

ما المقصود بالتأمل فعليًّا؟ يصعب وصف التأمل، ومن الأفضل تجربته! لكن دعنا نقل إنه محاولة لتوجيه انتباهك قليلًا لكل ما يحدث بداخلك من مشاعر وأحاسيس في أي لحظة، من دون أن يتشتت ذهنك بأفكار أخرى أو أي مؤثرات خارجية. قد يبدو لك الأمر صعبًا (هذا شيء طبيعي)، فإن الذهن في حالة انتباه شديد من أجل السيطرة على شروده وتحقيق التركيز المرجو. أنت الآن تجتهد بهدف التركيز العقلي على «اللحظة الآنية».

للتأمل ثلاث روافع في مواجهة التوتر

- **الإدراك الكامل:** الانتقال من التفاعل اللاإرادي إلى التفاعل الإرادي. فممارسة التأمل تساعدك كثيرًا على التمهل والتريث، قبل الانفعال والتفاعل مع المواقف التي تواجهك وتسبب لك التوتر.
- **التخلي:** لقد أدركت أن أفكارك لا تمثل انعكاسًا لنظرتك إلى المواقف، وهذه النظرة قد تخالف حقيقة المواقف. لذا عليك الآن بالتخلي عن هذه الأفكار والتزام الحيادية، حتى لا تسمح لنظرتك الشخصية أن تسيطر على أفكارك وتتسبب في تنشيط آلية التوتر.
- **التأقلم:** يقودك التخلي إلى المرونة في مواجهة مصاعب الحياة وتحدياتها، وتقبُّلها والتكيف معها بأي ثمن بعيدًا عن مصارعتها.

ثلاث دقائق من التأمل: «الساعة الرملية»

اجلس في مكان هادئ، واجعل ظهرك مستقيمًا (من دون توتر)، ودع كتفيك في حالة استرخاء، وضع كفيك على ركبتيك.

1. الإدراك

- ركِّز مع الأفكار التي تتبادر إلى ذهنك، وراقبها بغير أن تحكم عليها.
- أدرِك مشاعرك وسمِّ هذه المشاعر.
- أدرِك أحاسيسك الجسدية: الألم، والضيق، والاسترخاء...

2. التنفس

ركِّز الآن على تنفسك. استشعر الهواء وهو يعبر من فتحتَي أنفك ويملأ رئتيك ويعبِّئ معدتك، وحين تشعر بأن أفكارك ومشاعرك وأحاسيسك تقطع تركيزك، دعها تمر وعُد برفق إلى مراقبة تنفسك.

3. توسيع الإدراك

استشعر أنفاسك وهي تعبر في أنحاء جسدك، وراقب تجدد طاقتك مع كل نَفس. بماذا تشعر الآن؟ تنفس بعمق مرتين أو ثلاث مرات، ثم ارجع بذهنك إلى الغرفة، وقبل أن تفتح عينيك حدد ما تنوي فعله في يومك.

نصيحة الدكتور جوود المُثلى!

يمكنك ممارسة تمرين «الساعة الرملية» عدة مرات طوال اليوم، لكن ليس من السهل ممارسة تمارين التأمل بمفردك. لذلك أنصحك بالاستعانة بالتطبيقات التي تتعلق بذلك. جرِّب على سبيل المثال التطبيقات التالية: بوتي بومبو، وتأمل مع كريستوف آندري، والسلوك اليقظ، والإدراك الكامل.

تحية الشمس: أهلًا بشمسي المشرقة!

هل نجحت في وضع ساقك خلف رأسك؟ حسنًا، لن نبدأ بذلك! أيًّا كانت نتائج اليوجا فإن المرونة ليست من أهدافها الأساسية، لكن أساسياتها الثلاثة هي: وضع الجسم، والتنفس، وإدارة الأفكار. هذا التناغم بين الجسم والنفس والفكر يجعل تحقيق «الاتحاد» (معنى كلمة يوجا في اللغة السنسكريتية) ممكنًا. لكن

كيف انخفض التوتر؟ من خلال التركيز على أوضاع جسمك وعملية التنفس، فاليوجا تهدئ الفكر، وتجعل العضلات تسترخي وتتمدد، وتريح المفاصل بعد أن تقلصت بسبب التوتر. ولا تتلخص فوائد اليوجا في هذا الجانب فحسب، بل إنها تساعدك على الوصول إلى حالة من السلام الداخلي، مما يساعدك أيضًا على إدراك احتياجاتك والبقاء على مسافة من الأحداث. الحكمة = لا للتوتر!

«سوريا ناماسكار»، تحية الشمس

هذه مجموعة من أوضاع اليوجا لا يمكنك تفويتها، تُمارَس منذ آلاف السنين، وتعادل حصة يوجا كاملة. إنها مثالية عند الاستيقاظ!

1. **الجبل (تاداسانا):** قف وظهرك مستقيمًا، وضُم يديك أمام صدرك، ثم تنفس بعمق.
2. **الجبل يتمدد (أوردفا هاستازانا):** شهيق، ثم ارفع ذراعيك نحو السماء، وضم كفيك، وارفع رأسك.
3. **المشبك (أوتاناسانا):** أطلق الزفير، انحنِ وظهرك مستقيم إلى أن تلمس فخذيك، وساقاك ممدودتان، وحاول أن تلمس الأرض إن استطعت، أو المس ركبتيك المثنيتين قليلًا، ودع رأسك يتدلى.
4. **الانثناء وقوفًا (أردا أوتاناسانا):** شهيق، ثم ارفع رأسك واجعل ظهرك مستقيمًا بزاوية 90 درجة.
5. **وضع اللوح (كوباكاسانا):** اقفز بقدميك إلى الخلف أو بقدم تلو الأخرى، وخُذ وضع لوح الخشب، وثبت قدميك، واجعل يديك ترفعان كتفيك ورأسك، وأبقِ جسمك في خط مستقيم.
6. **عصا بأربعة أطراف (شاتورانجا دانداسانا):** زفير، اثنِ ذراعيك واجعل مرفقيك على جانبَي جسمك من دون أن تلمس الأرض. وإن كان تحقيق هذه الحركة صعبًا فضع ركبتيك على الأرض.
7. **الرأس المرفوع (أوردفا موكا سفانازانا):** اجعل بطنك وساقيك على الأرض، ومع الشهيق اضغط كفيك على الأرض وافرد ذراعيك وارفع جذعك. قارب بين لوحَي الكتفين قليلًا، ثم أمِل رأسك إلى الخلف.

8. **الرأس المنخفض (آدو موكا سفانازانا):** عند الزفير، ارتكز على باطنَي قدميك، ثم افرد ساقيك وذراعيك على أن يأخذ جسمك شكل الهرم، وأرخِ رأسك.

9. **الانثناء وقوفًا (أردا أوتاناسانا):** ضم قدميك، ثم تقدَّم إلى الأمام قفزًا أو مشيًا، ثم عُد إلى وضع الانثناء وقوفًا مرة أخرى.

10. **المشبك (أوتاناسانا):** عند الزفير، ضُم جذعك إلى فخذيك وأبقِ ظهرك مستقيمًا وساقيك ممدودتين وكفيك على الأرض إن استطعت، أو اثنِ الركبتين قليلًا، وأرخِ رأسك.

11. **الجبل يتمدد (أوردفا هاستازانا):** شهيق، ثم ارفع ذراعيك نحو السماء، وضم كفيك، وارفع رأسك.

كرر هذه التمارين مرتين إلى ست مرات، وفقًا للياقتك البدنية، وتنفس دائمًا من أنفك وليس من فمك.

إفطار «زِن» المهدئ

قليل من الدوبامين للنشاط... وفق الأصول

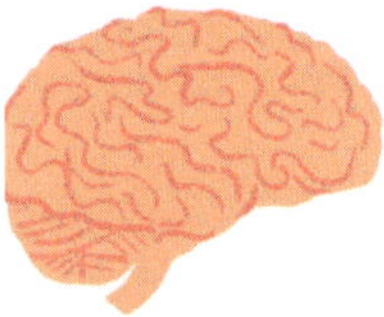

هل تعلم أن محتويات طبقك لها تأثير مباشر في الكيمياء الحيوية لدماغك، وبالتالي في التوتر أيضًا؟ الأمر هنا يتعلق بالنواقل العصبية التي تسمح للخلايا العصبية بالتواصل فيما بينها، ولكلٍّ من تلك النواقل وظيفة دقيقة جدًّا تتعلق بالمزاج والطاقة والتحفيز. لكن ما علاقة ذلك بالطعام؟ تتكون تلك النواقل من بعض الأحماض الأمينية (مكونات البروتينات) التي تسمَّى «المولدات»، وتساهم في تصنيعها أيضًا بعض المغذيات الدقيقة الأخرى المعروفة باسم «العوامل المساعدة». لذلك عليك أولًا، وقبل كل شيء، تجنُّب نفاد كمية هذه النواقل العصبية، كي تتجنب الشعور بالإرهاق المفاجئ وانخفاض الروح المعنوية والوصول إلى ذروة التوتر. وثانيًا، كُن دائمًا حريصًا على الحصول على الناقل العصبي المناسب في الوقت المناسب، وألَّا يخلو إفطارك في الصباح من البروتينات (بيض، ولحم مقدد، وسمك سلمون مدخن، وجبن)، مما يساعد على تكوين تركيبة الدوبامين، الناقل العصبي المعروف باسم «خلية السعادة».

وداعًا للخبز الأبيض!

دماغك محرِّك يعمل ويستهلك باستمرار، ولا يغذي نفسه بنفسه، لذلك يجب أن يتزود دائمًا بالكربوهيدرات، لكن بنوع معين منها! وهنا يظهر دور المؤشر الجلايسيمي (GI)، وقيمته تشير إلى قدرة الطعام على زيادة نسبة السكر في الدم، ورفعها أو خفضها، وبسرعة أكبر أو أبطأ. وبالرجوع إلى المؤشر الذي يبدأ من صفر إلى مائة، تستطيع تعيين الأطعمة التي تتسبب في الارتفاع السريع لنسبة السكر في دمك، الذي ينتج عنه زيادة إفراز الأنسولين في الدم (الهرمون المسؤول عن تنظيم نسبة السكر في الدم)، والذي يتسبب في نقص السكر في الدم التفاعلي (الأنسولين يسحب كثيرًا من السكر في الدم)، والنتيجة تأرجُح نسبة السكر في الدم بين الارتفاع والانخفاض، مما يتسبب في انخفاض الطاقة وسوء المزاج المفاجئ والتوتر الشديد. إذن فالهدف هو انتقاء الأطعمة التي لا تتسبب في رفع نسبة السكر في الدم، وتمد الجسم بالطاقة اللازمة التي لا تنفد سريعًا. لكن لا يُفضَّل الإكثار من تلك الأطعمة صباحًا حتى لا ترتفع نسبة إفراز السيروتونين، ويُفضَّل العناية بإنتاج الدوبامين (الذي تفرزه الأحماض الأمينية للبروتينات).

اعتمدها: أطعمة تخفض معدل السكر في الدم	تجنبها: أطعمة ترفع معدل السكر في الدم
خبز الحبوب الكاملة، وحبوب الموسلي بلا سكر مضاف، وخبز الشوفان، وخبز الجاودار، وخبز القمح الكامل، وخبز العجين المتخمر.	الخبز الفرنسي «باجيت»، والخبز بالشوكولاتة، والخبز باللب الأبيض، والتوست الكامل، والبقسماط، والبسكويت، ورقائق الذرة، ورقائق الحبوب المحلاة.

إفطار يقاوم التوتر

- مشروب ساخن بلا سكر.
- كمية قليلة من الكربوهيدرات ذات المؤشر الجلايسيمي المنخفض إلى المتوسط، للحصول على الطاقة اللازمة صباحًا.
- البروتينات، مصادر التيروزين والدوبامين.
- فاكهة طازجة للحصول على الفيتامينات والمعادن والألياف ومضادات الأكسدة.
- بعض البذور الزيتية للحصول على الأحماض الدهنية اللازمة والمغنيسيوم والبروتينات النباتية.

ثلاثة أمثلة لوجبة إفطار تقاوم التوتر

- **الإفطار التقليدي:** شريحتان من الخبز ذي السعرات الحرارية القليلة أو المتوسطة + قطعة صغيرة من الزبدة + شريحة من اللحم المدخن أو العادي أو بيضة مسلوقة + ثمرة واحدة من الفاكهة الطازجة.
- **الحبوب المغذية:** حبوب موسلي الطبيعية بلا سكر مضاف + 150 مللیلترًا من الحليب + بعض البذور الزيتية + ثمرة واحدة من الفاكهة الطازجة.
- **موسلي منزلي الصنع:** زبادي طبيعي + 3 ملاعق كبيرة من الحبوب الكاملة (الشوفان، أو الكينوا، إلخ) + 3 ملاعق كبيرة من البذور الزيتية (لوز، ولب القرع، والسمسم، إلخ) + ثمرة واحدة من الفاكهة حلوة المذاق قليلًا.

التنقل: اضمن لنفسك رحلة هادئة

الموسيقى عبر السماعات

تؤثر الموسيقى في التصرفات، ويختلف تأثيرها بحسب نوعها. لست في حاجة إلى الموسيقى الصاخبة، بل استمع فقط إلى الموسيقى الكلاسيكية، إذ إنها فعالة بشكل ملحوظ في تنظيم ضربات القلب، وخفض مستوى الكورتيزول، ورفع درجة إفراز الدوبامين والسيروتونين. راجع الموسيقى الكلاسيكية، وجهز قائمتك المفضلة المضادة للتوتر:

أفضل موسيقى للتحليق

هل تفضِّل موسيقى قاعات الاستقبال؟ إذن، إليك أشهر مقطوعة في العالم تساعد على الاسترخاء وفقًا لدراسة أجرتها الأكاديمية البريطانية عن العلاج بالموسيقى، جرب مقطوعة «Weightless de Marconi»، المتوفرة على «يوتيوب»، (لا يُنصَح بها في أثناء قيادة السيارة).

- مقطوعة «لا سارابند» لهاندل.
- السيمفونية الأربعون لموزارت.
- مقطوعة «وينر بلوت» لشتراوس.
- مقطوعة «لو بريدول» لباخ.

المرور مزدحم، القطار متأخر، المترو مكتظ: وأنت تتنفس!

هل تتنفس؟ بالطبع أنت تتنفس، لكن عنوة وبضيق، مثل حال الكثيرين، بل قل أكثر من ذلك، إنك تتنفس تحت الضغط. تتقلص المعدة، ووحده القفص الصدري يعلو ويهبط، كما لو أنك تعاني «قصورًا في التنفس». ما الحل؟ تنفس ببطء وبعُمق. التأثير الأول: يبدأ عبر التركيز على تنفسك، وبالتالي تنفصل عن الأفكار في ذهنك. التأثير الثاني: تنشيط العصب المبهم الذي ينحدر من جذع الدماغ إلى الجهاز الهضمي ويمر عبر جميع الأعضاء في البطن. هل عرفته؟ إنه العصب الرئيسي المفعل لجهازك الباراسمبثاوي الذي يساعدك على الشعور بالهدوء (عكس الجهاز السمبثاوي الذي سبق ذكره والذي ينشط في حالة التوتر).

الأساسيات الأولى: التنفس البطني

إنه التنفس الأفضل للأطفال ومغني الأوبرا، كما أنه أفضل طريقة لإعادة الجسم إلى حالة الهدوء. إنه الأمثل لمن هم ضمن **النمط الأول**. عندما تشعر بارتفاع نسبة التوتر فعليك بممارسة التنفس البطني فورًا. وطريقة التنفس البطني هي:

- اجلس جلسة مريحة (يمكنك تجربة وضع الاستلقاء في المنزل)، وأغلق عينيك إن شئت.
- ضع إحدى يديك على بطنك.
- خذ شهيقًا ببطء من أنفك، وانفخ بطنك لمدة ثلاث ثوانٍ.
- احبس هذا النفس لمدة ثلاث ثوانٍ.
- ازفر من الأنف لمدة ست ثوانٍ وأنت تُخرج النفس من البطن حتى يفرغ.
- كرر تمرين التنفس عدة مرات.

الساعة العاشرة صباحًا: لديك اجتماع مهم

جرعة بسيطة من المرح

هل ترتفع نسبة التوتر؟ اضحك من قلبك فينخفض الضغط النفسي. هل تعلم أنك عندما تضحك يتولى الجهاز الباراسمبثاوي الأمر؟ نعم (مرة أخرى!) يتولى الأمر. عندئذ تنخفض سرعة ضربات القلب، وتتسع الرئتان مع تنفس أفضل، وتتمدد العضلات، وينطلق الإندورفين والسيروتونين، وهما الهرمونان المسؤولان عن سلامة الجسم، ومن شأنهما مكافحة ارتفاع الأدرينالين والكورتيزول المفرَزَين نتيجة التعرض للتوتر. ألا تستطيع أن تضحك؟ ننصحك بمشاهدة بعض الفيديوهات الطريفة عن الحيوانات أو الأشخاص وهم يأكلون مثلًا.

اعتماد قوة الموقف

استعد قبل الدخول إلى الحلبة، قف باستقامة، وشد كتفيك إلى الخلف، وأبقِ صدرك مفتوحًا، وذقنك مرتفعًا ومستقيمًا، فوفقًا لـ«إيمي كودي» المدرِّسة في كلية هارفارد للتجارة والأعمال، فإن «هذا الوضع يؤدي إلى زيادة ثقتك بنفسك»، وقد اختبرت ذلك على بعض طلابها، وقالت: «كانوا يقفون وقفة «الانتصار» دقيقتين قبيل التعرض لأي موقف صعب، وعندئذ كان مستوى هرمون التستوستيرون يرتفع (هرمون السيطرة)، بينما ينخفض هرمون الكورتيزول»[6].

الحاجة إلى جرعة «زِن»

افتح زجاجة زيت اللافندر العطري، أحد أهم الزيوت التي تكافح التوتر وترفع نسبة التركيز والتكيف. ما سره؟ إنه يحفز مناطق الدماغ الجبهية التي ينشطها التأمل. ضع نقطتين فقط على معصمك، ثم استنشق الرائحة جيدًا، وستمنحك شعورًا عميقًا بالهدوء. هل يذكِّرك اللافندر برائحة خزانة العمة أو الجدة؟ جرِّب الزيت العطري للبابونج الروماني أو البردقوش أو الورد، فإن له خصائص مهدئة جميلة. أما إن كنت، على سبيل المثال، متحدثًا في المؤتمرات فعليك باستنشاق الغار النبيل، فهو حليفك الذي يعزز ثقتك بنفسك.

تمارين السوفرولوجيا للتخلص من الخوف

للتخلص من مشاعر التوتر والقلق والحصول على المشاعر الإيجابية قبل الانطلاق عليك بتجربة هذا التمرين البسيط من علم السوفرولوجيا الذي يجمع بين التنفس والتصور الإيجابي، وهو مناسب لمن هم ضمن **النمط الأول**، الذين يشعرون دائمًا بالقلق.

ارفع كتفيك وأخفضهما: تخلص من الطاقة السلبية

- قف وباعِد بين ساقيك، وأرخِ كتفيك.
- شد قبضتيك، واستنشق بعمق من أنفك.
- احبس أنفاسك.
- ارفع كتفيك وأَخفضهما عدة مرات متتالية وبسرعة، كأنك تضخ المشاعر السلبية كي تخرجها من جسدك.
- في أثناء الزفير من الفم، أخفض كتفيك وأرخِهما بحركة فجائية سريعة، كأنك تطرد كل هذه المشاعر السلبية.
- كرر التمرين ثلاث مرات.

تراك-تاك: الشحن الإيجابي

- قف، وافتح ساقيك بعرض الحوض، وارفع قامتك وأرخِ كتفيك.
- أغلق قبضتك اليمنى، ما عدا إبهامك.
- مع الشهيق ارفع ذراعك اليمنى برفق إلى زاوية 90 درجة، وعند وصول قبضتك أمام نظرك، ثبت إبهامك وأنت تتخيل هدفك (التركيز، والاستبصار، والثقة، والهدوء، إلخ).
- احبس نفَسك واستمر في التحديق إلى إبهامك، ثم قربها ببطء نحو جبهتك وثبتها بين حاجبيك، وأغمض عينيك عندما تصبح رؤيتك لإبهامك ضبابية.
- أخرج الزفير من فمك ببطء مع إعادة ذراعك اليمنى إلى مكانها.
- تنفس، واستقبل جميع المشاعر، وافتح عينيك.
- كرر التمرين ثلاث مرات.

نصيحة الدكتور جوود المُثلى!

لكي ترفع معنوياتك وتمنع التوتر من تشغيل آليته وجرفك معه جرِّب هذا التدريب البسيط للتأمل «S.T.O.P»:

S: توقف قليلًا، وخذ استراحة.

T: ضع إحدى يديك على بطنك، واشعر بالشهيق والزفير.

O: راقب أحاسيسك وأفكارك ومشاعرك.

P: بـادر باتخاذ إجـراءاتـك، ما خطتك الآن؟

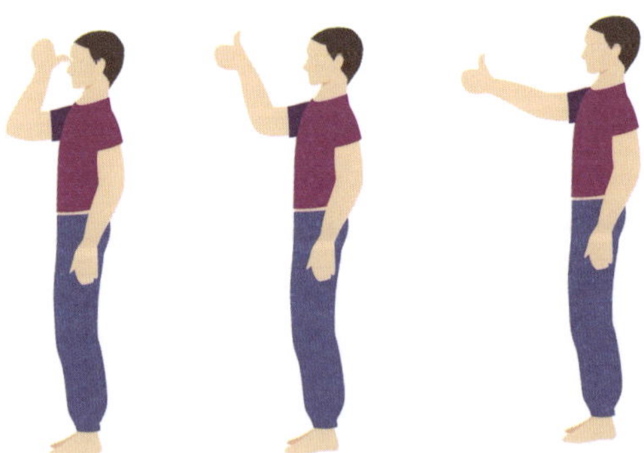

الفصل الثاني

مزاج هادئ بعد الظهر

أخيرًا جاء وقت الظهيرة، موعد الاستراحة. أمامك خياران: أن تبقى على نظام الضغط العصبي وتتناول غداءك أمام شاشة الكمبيوتر، أو أن تأخذ استراحة غداء فعلية، وتحصل على شحنة جيدة من الطاقة لاستكمال باقي اليوم وأنت في كامل قوتك. ما رأيك؟ ما أفضل طريقة للتخلص من التوتر؟

الظهيرة: هيا بنا إلى قاعة الألعاب الرياضية

التأثيرات الأربعة للرياضة ضد التوتر

أضف ساعة رياضة إلى جدولك المزدحم. نعم، أنت الرابح مع هذه الفكرة في جميع الأحوال، سواء في مواجهة التوتر الحالي أو في دعم أجهزة مكافحة الإجهاد أو ما ينتج عنه. الرياضة هي الحل المثالي إذا كنت ممن هم ضمن **النمط الثاني**، وبواسطتها تسيطر على التوتر قبل أن يلتهم طاقتك. وفيما يلي الأدلة الأربعة:

- **تشغيل هرمون السعادة:** عند بذل مجهود بدني يفرز الجسم هرمون الإندورفين، ومستقبلات الكانابينويد، وأحماضًا دهنية، وهرمونات السعادة أي الدوبامين. أنت تُحلِّق الآن بالفعل! على قدر تنشيط هذه الآلية بالرياضة يزداد انتفاعك منها وشعورك بالراحة.
- **ممارسة الرياضة بانتظام:** تُحسن من أداء «الحصين» في الدماغ، وهو الجزء المسؤول عن الذاكرة، وتحد من تدمير الخلايا العصبية، وتحسِّن حالة النواقل العصبية في الدماغ. أنت إذن أكثر إنتاجية الآن وأقل توترًا.
- **محاربة آثار التوتر:** سواء تعلق الأمر بنظام القلب والأوعية الدموية، أو بالتمثيل الغذائي، أو بجهاز المناعة، فإن النشاط البدني ينشط الروافع الفسيولوجية التي تواجه التوتر، ويُحسن جودة النوم أيضًا.

بالأرقام

30 دقيقة: الحد الأدنى لممارسة أي نشاط رياضي، حتى تشعر بفائدة الرياضة في مواجهة التوتر.

5 مرات أسبوعيًا: المعدل الموصى به، كي تعطي الرياضة التأثير المطلوب. وكلما كانت الممارسة أكثر انتظامًا زاد تأثيرها الإيجابي في الصحة الذهنية.

- **تعزيز الثقة بالنفس:** أنت الآن تتعرق وتعاني وتلهث، لكن ما إن ينتهي التمرين، ستدرك أن لا شيء يفوق فرحة الشعور بالإنجاز والتفوق على الذات! تقدير أفضل للذات = انخفاض حدة التوتر.

ثلاث رياضات تكافح التوتر

الجري: تنشيط الذهن عبر المسافات

ضع قدمًا أمام الأخرى، وتابع الخطوات: هذه الحركة البسيطة تجعلك في حالة تشبه التنويم المغناطيسي، وتساعدك على تصفية ذهنك، وتُحسن قدراتك الذهنية في الوقت نفسه. وقد أثبت كثير من الدراسات أن الجري يُحسن نشاط الفص الجبهي للدماغ الذي يدخل بدوره في معالجة المعلومات والذاكرة، ومن شأنه أيضًا تفعيل المرونة، وهي القدرة على التكيف مع تحديات الحياة.

الملاكمة: مثالية لتنفيس حدة التوتر

اضرب كيس الملاكمة متخيلًا أنه رأس مديرك في العمل! إن الملاكمة والألعاب القتالية تُعد وسيلة جيدة للتخلص من التوتر والضغوط عمومًا، وتساعد على ضبط النفس والتحكم في المشاعر. وبما أن التركيز مطلوب من أجل مراوغة الخصم، واكتساب مهارة الهجوم والدفاع، فلا تتفاعل وفقًا للمشاعر... هذه من آليات مكافحة التوتر.

الزومبا: تضاف إلى متعة الموسيقى

رقصة لاتينية ولياقة بدنية: هذا المزيج الناجح استطاع في عشر سنوات أن يسود جميع قاعات الرياضة. نعم، قد تبدو الصالة كأنها أجواء النادي، لكن مع تمارين القلب وتقوية العضلات تصبح أمرًا مبهجًا بالفعل! خصوصًا أنك الآن تحاول أن تؤدي حركات راقصة مع الجميع، مما يساعدك على الانفصال عن أفكارك قليلًا!

أخبرني يا دكتور جوود

ما الرياضة التي تناسبني؟

هي الرياضة التي تُشعرك بالمتعة عند ممارستها. هل تذكر سباقات المرحلة الابتدائية؟ وعدد اللفات حول الملعب في الشتاء؟ لكن، هل تكره الجري؟ إذن دعك من هذا وركِّز على نوع الرياضة الذي تحبه، لأن المتعة تحافظ على الحماس، بلا ضغط وبلا منافسة، ولا تنسَ أنك لا تبحث عن مصدر إضافي للتوتر!

الجري التأملي

التأمل أسلوب حياة تستطيع إضافته إلى أي نشاط مثل الجري. وبدلًا من أن تترك ذهنك يحلق بين أفكار متنوعة (يجب أن أرد على الإيميل، يجب أن أحدد موعدًا مع الطبيب، إلخ) حاول أن تركز مع الحواس: وقع خطواتك على الأرض وأنت تركض، الشهيق والزفير، مداعبة الهواء لبشرتك، إلخ.

غداء مدروس

أوميجا 3 لتزييت الدماغ جيدًا

نجم الدهون هو أوميجا 3، وحليفك للتخفيف من حدة التوتر. إنه جزء لا يتجزأ من بنية أغشية الخلايا ويضمن لها حركة مرنة. يشكِّل أوميجا 3 عنصرًا أساسيًّا للحفاظ على نبضات عصبية جيدة ودورة مثالية للنواقل العصبية، ويُفعِّل امتصاص المغنيسيوم. وقد أثبتت دراسة أجراها المعهد الدولي للصحة والبحوث الطبية[7] أن نقص أوميجا 3 يؤدي إلى ضعف إنتاج الكانابينويد، وهي دهون في الدماغ مسؤولة عن تنظيم الانفعالات والتوتر. ويجب عدم الحرص على زيادة نسبة أوميجا 3 فحسب، بل يجب الحفاظ على النسبة والتناسب فيما بين أوميجا 3 وأوميجا 6. والمطلوب نسبة واحد من أوميجا 3، مقابل أربعة من أوميجا 6، لكن غالبًا ما تكون النسبة 20/1. ومن أجل الاعتدال أضف مزيدًا من أوميجا 3 إلى وجبتك (انظر صفحة 42)، وقلِّل من نسبة أوميجا 6 (زيت عباد الشمس، وزيت الفول السوداني، والوجبات الصناعية، والسمن الصناعي من عباد الشمس).

الخضراوات: عنصر أساسي في طبقك

ما مكونات الطبق المثالي؟ ربع الطبق: بروتين حيواني أو نباتي، والربع الثاني: أطعمة نشوية منخفضة أو متوسطة السعرات الحرارية. والنصف المتبقي من طبقك املأه بالخضراوات. لماذا نلجأ إلى الخضراوات فقط عند اتباع الحمية الغذائية؟ وهل هي الحجر الأساسي للغذاء الصحي بالفعل؟ إنها توفر فيتامين «ب» اللازم للسلامة الذهنية، والمغنيسيوم المكافح للتوتر، والحديد وفيتامين «ج» اللازمين لتركيبة النواقل العصبية، وتحتوي كذلك على الألياف التي لا غنى عنها للحفاظ على التوازن البكتيري للأمعاء، حيث تُنتَج نسبة كبيرة من النواقل العصبية. ولا ننسَ بالطبع مضادات الأكسدة (فيتامين «ج»، وفيتامين «هـ»، والسيلينيوم، والبوليفينول، والكاروتينات) التي تحمي الخلايا العصبية من التوتر التأكسدي، وتساعدها على تحسين امتصاص المغنيسيوم، والحد من أكسدة أوميجا 3. إنها دائرة متصلة!

المغذيات الدقيقة المضادة للتوتر

المغنيسيوم

نقل النبضات العصبية
استرخاء العضلات
إنتاج الطاقة
إفراز السيروتونين

أين نجده؟ بذور عبَّاد الشمس، والجوز البرازيلي، والجوز، واللوز، والبندق، وخبز القمح الكامل، والروبيان، والفواكه المجففة، والأرز البني، والشوكولاتة الداكنة (70% حدًّا أدنى)، والبقوليات (العدس، والحمص، والفاصوليا) والمياه المعدنية.

أوميجا 3

جودة الأغشية
نقل النبضات العصبية
تحسين امتصاص المغنيسيوم
تفعيل مضادات الالتهابات
إنتاج مستقبلات الكانابينويد

أين نجده؟ زيت بذور اللفت، وزيت الجوز أو الكتان، وزيت الكاميلينا، وزيت كبد سمك القد، وزيت الأسماك الدهنية (السردين، والتونة، والماكريل، والسلمون، والرنجة) والبيض، واللحوم الموسومة، والمكسرات، وبذور الكتان، والشيا، والقنب، والخس.

فيتامين «ج»

مضاد للأكسدة
خفض الكورتيزول
نقل النبضات العصبية
تكوين النواقل العصبية

أين نجده؟ الزبيب الأسود، والجوافة، والكيوي، والفراولة، والحمضيات، والمانجو، والبقدونس، والخضراوات الورقية (البروكلي، وخس بروكسيل، والخس الأخضر المجعد، والقرنبيط)، والفلفل.

فيتامين «ب1»

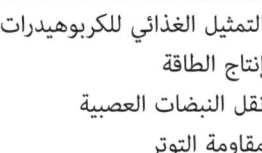

التمثيل الغذائي للكربوهيدرات
إنتاج الطاقة
نقل النبضات العصبية
مقاومة التوتر

أين نجده؟ خميرة البيرة، وجنين القمح، والجوز البرازيلي، والفستق، والفاصوليا الجافة، والأرز البني، والبيض، وسمك السلمون، وخبز الجاودار.

فيتامين «ب6»

تكوين النواقل العصبية
إنتاج الطاقة
تحسين امتصاص المغنيسيوم

أين نجده؟ التونة، والسلمون، والدجاج المشوي، والحبوب الكاملة، وبذور السمسم والكتان وعباد الشمس، والموز، والبندق.

فيتامين «ب9»

إنتاج النواقل العصبية

أين نجده؟ الخضراوات الورقية (السبانخ، والكراث، والفاصوليا الخضراء، والكوسة، والخس)، وصفار البيض، والكبدة وأحشاء الذبيحة، والبقوليات (حمص، وعدس)، والبذور الزيتية (الكتان، والسمسم، وعباد الشمس)، والمكسرات.

فيتامين «ب12»

إنتاج الطاقة

أين نجده؟ الكبدة وأحشاء الذبيحة، واللحوم، والأسماك، والبيض.

معادلة الغداء المثالي

- الخضار النيئ، لأن الألياف تحافظ على العناصر الغذائية + زيت غني بأوميجا 3.
- قدر كافٍ من البروتين الحيواني والنباتي لتكوين الدوبامين والنورادرينالين + كربوهيدرات منخفضة أو متوسطة السعرات الحرارية للحصول على طاقة ممتدة المفعول + خضراوات.
- منتجات الألبان (اختياري).
- ثمرة واحدة من الفاكهة الطازجة.

ثلاثة أمثلة لوجبات إفطار «زِن»

- **قائمة المطاعم:** خضار نيئ، وشريحة سلمون، وأرز، وخضراوات على طريقة الجنوب الفرنسي (بروفنسال)، وسلطة فواكه طازجة.
- **السلطة الكاملة:** مكرونة بانيني، وجرجير، وتونة، وطماطم كرزية، وجبن موزاريلا، وزيتون أخضر، وتفاح مسلوق (كومبوت).
- **مكونات الشطيرة:** خبز البذور، والسلمون المدخن، والأفوكادو، وخضار نيئ، وجبن أبيض، وتوت.

نصيحة الدكتور جوود المُثلى!

لا وقت لممارسة الرياضة في الظهيرة؟ خذ شطيرتك اللذيذة واتجه إلى أقرب حديقة، فالتواصل مع الطبيعة لمدة 20 دقيقة يكفي لخفض مستويات الكورتيزول[8]، لكن احذر المحادثات أو القراءة، ولا تأخذ هاتفك معك!

قيلولة سريعة وتعود إلى العمل!

قيلولة سريعة للغاية إلى حد أن الغفوة تبقيك بين الاستيقاظ والنوم، فالغفوة البسيطة تشحن طاقتك. والطريقة:

- إن أمكن، ابحث عن مكان هادئ، وابقَ في وضع مستريح يسمح باسترخاء عضلاتك.
- اضبط منبه هاتفك ليرن بعد 5 أو 10 دقائق، وضعه في وضع الطيران.
- أغمض عينيك ومارس التنفس البطني مرتين أو ثلاث مرات (انظر صفحة 36) حتى ينخفض معدل ضربات القلب.
- تخيل أنك تتابع أجزاء جسدك الواحد تلو الآخر، وتستشعر ثقله المتزايد.
- خُذ شهيقًا عميقًا وحرك يديك وقدميك، ثم مد جسدك كأنك تتمطى، ثم افتح عينيك.

نصيحة الدكتور جوود المُثلى!

في حالة تعذر القيلولة، عليك بأداء حركات بسيطة تساعدك على استعادة الطاقة عبر الخطوط المؤدية إلى القلب. افرك يديك حتى تشعر بسخونتهما، ثم اضغط بإبهامك اليسرى على وسط راحة يدك اليمنى كأنك ترسم دائرة، واستمر حتى تتسع هذه الدائرة تدريجيًّا، وكرر هذه الحركة مع الإبهام اليمنى وراحة اليد اليسرى.

أزمة في العمل

صفِّ ذهنك عن طريق التنفس بالتناوب

«نادي شودانا»: تمرين تنفس من بين تمارين اليوجا. عندما تتنفس بالتناوب بين فتحتَي الأنف اليمنى ثم اليسرى، فإنك تنشط التواصل بين نصفَي الدماغ. إنها طريقة فعالة جدًّا لاستعادة الهدوء والتركيز والمشاعر الطيبة. وإليك كيفية أداء هذا التمرين التنفسي:

- أغلق الفتحة اليمنى لأنفك بإبهام يدك اليمنى، ثم خذ شهيقًا على أربع دفعات من الفتحة اليسرى.
- ضع بنصر يدك اليمنى على الفتحة اليسرى لأنفك، لتصبح الفتحتان مغلقتين، واحبس أنفاسك قليلًا.
- ارفع إبهام يدك اليمنى، لتُخرج الزفير من فتحة الأنف اليمنى على ست زفرات.
- خذ شهيقًا من فتحة الأنف اليمنى على أربع دفعات.
- أغلق الفتحة اليمنى بإبهام يدك اليمنى واحبس نفَسك لبضع ثوانٍ.
- أخرج الزفير على ست دفعات من الفتحة اليسرى لأنفك.
- كرِّر التمرين ست أو ثماني مرات.

العلاج بالوخز: اضغط وستشعر بالراحة

حفِّز نقاط الطاقة لديك عبر الضغط بالأصابع. إنه تعريف العلاج الرقمي بالوخز، وهي حركة بسيطة تساهم في إيقاف ثورة التوتر وآثارها الجسدية. وفي حال كنت ضمن **النمط الأول**، فإن هذه التقنية تناسبك جدًّا، ففضلًا عن فاعليتها

تقديم المساعدة عبر الطب البديل

- **جلسيميوم 15 سي أتش: يسبب لك التوترُ الارتعاشَ وفقدان الذاكرة، تناول 5 حبات عند التوتر.**
- **إينياتيا أمارا 7 سي أتش: تشعر بكُرة في الحلق وصعوبة في التنفس، تناول 3 حبات 3 مرات يوميًّا.**
- **أرجنتوم نيتريكوم 9 سي أتش: يجعلك التوتر قلقًا، وصبرك ينفد، تناول 3 حبات 3 مرات يوميًّا.**
- **أمبرا جريزيا 9 سي أتش: تحب العزلة ومشاعرك مرهفة، تناول 3 حبات 3 مرات يوميًّا.**
- **نوكس فوميكا 9 سي أتش: يجعلك التوتر سريع الانفعال والغضب، وتحاول التوازن بالقهوة والسجائر والطعام، تناول 3 حبات 3 مرات يوميًّا.**

في التهدئة، فإنها تدعوك أيضًا إلى الحصول على قسط من الراحة حتى تنتبه قليلًا لحواسك. كيفية عمل هذه التقنية: حفِّز نقاط الطاقة بالضغط عليها بواسطة السبابة والإصبع الوسطى في حركة دائرية، واستمر بالضغط الدائري لمدة دقيقة أو دقيقتين، واحرص على التنفس بهدوء في هذه الأثناء.

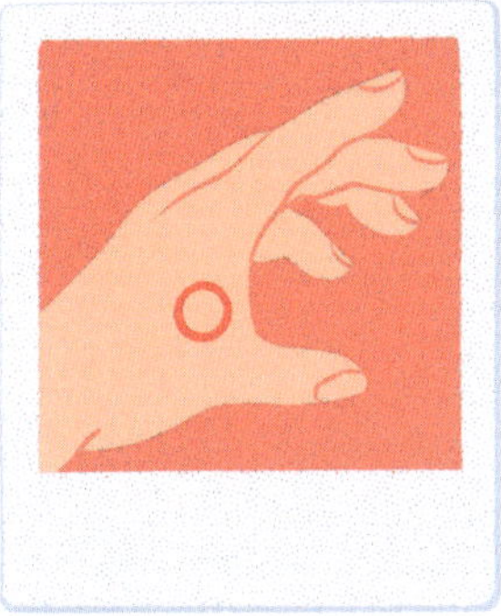

النقطة «GI-4» (تسمَّى «*he gu*»، نقطة التقاء الإبهام والسبابة): المنظِّفة

هذه النقطة ترتبط بالأمعاء الغليظة. وعند الضغط عليها، تطرد الطاقة العالقة في الأمعاء (محظورة على المرأة الحامل).

للعثور عليها: في قعر الطيَّة عند التقاء إبهام يدك بالسبابة، وتتضح حين تفتحهما على شكل «V».

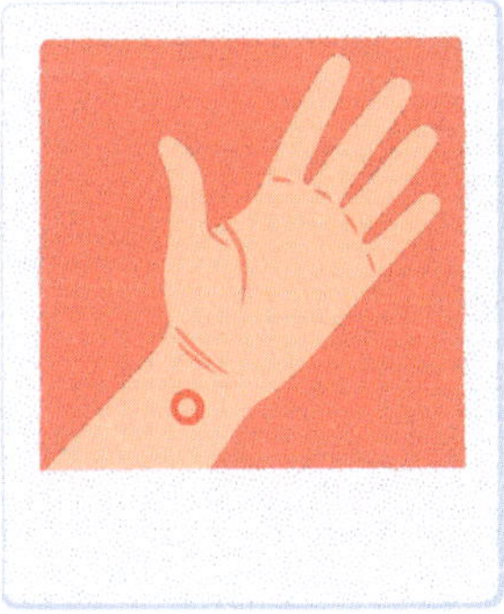

النقطة «MC-6» (تسمَّى «*nei guan*»، البوابة الداخلية): صانعة السلام

هذه النقطة معروفة بفاعليتها في مقاومة الشعور بالغثيان، وتقاوم التوتر أيضًا. بالضغط عليها ينتظم تدفق الطاقة «qi»، وتنتظم ضربات القلب، ويهدأ النفس.

للعثور عليها: بعد ثنية معصمك بعرض ثلاث أصابع، تجدها بين الوترين.

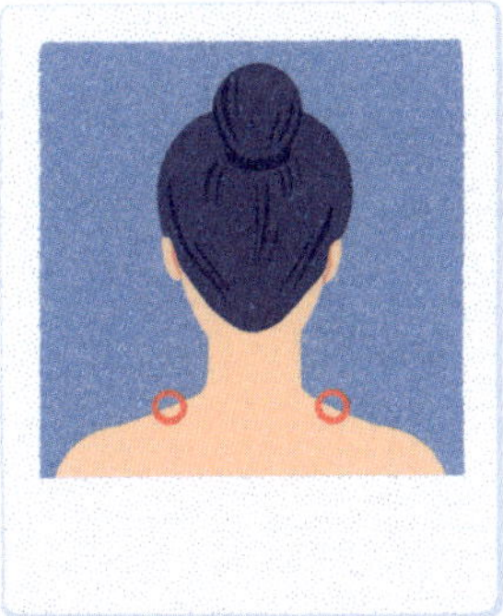

النقطة «VB-21» (تسمَّى «*jian jing*»، تجويف الكتف): المنظِّمة

هذه النقطة المتصلة بالمرارة تساعد على انطلاق تدفق الطاقة «qi» في جميع قنوات الجسد (محظورة على المرأة الحامل).

للعثور عليها: تقع في الفجوة الصغيرة بين نهاية الرقبة وبداية الكتف.

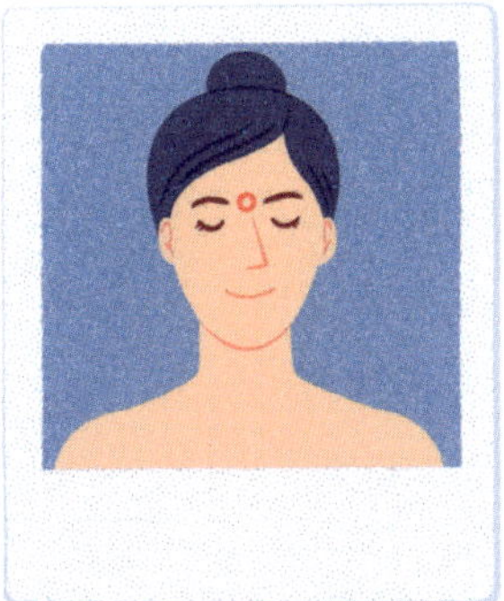

النقطة «*yin tang*» (العين الثالثة): الموضِّحة

هذه النقطة تهدئ الذهن، وتوضح الأفكار، وتساعد على إبطاء تدفق الأفكار والتوقعات.

للعثور عليها: تقع بين الحاجبين.

استراحة مع فنجان قهوة

ماذا عن هذا المشروب الداكن؟

يعزز الكافيين إفراز الدوبامين وكذلك الأدرينالين والكورتيزول، وتسمى «هرمونات التوتر» التي تنبه حواسك وتمدك بشيء من الطاقة، لكن لفترة قصيرة فقط، ثم تشعر فورًا بأنك في حاجة إلى المزيد للحصول على التأثير ذاته. لكن مع الجرعات المتزايدة للقهوة يرتفع تأثير هرمونات التوتر، مما يؤدي إلى ظهور أعراض التوتر، ومنها الخفقان السريع للقلب، والشعور بالتهيج والرعشة. لكن لا بأس من تناول فنجانين أو ثلاثة من القهوة في اليوم، لكن احذر تناول المزيد! ولا تنسَ أن تشرب الماء طوال اليوم حتى لا تتعرض للجفاف الذي يؤدي بدوره إلى الشعور بالإجهاد، فنحن ننسى دائمًا شُرب الماء!

بدائل القهوة

- منقوع جذور الجنسنج أو عرق السوس، لتعزيز الطاقة.
- الشاي الأخضر يمنحك مخزونًا من مضادات الأكسدة ومن مادة الثيانين التي تساعد على الاسترخاء.
- شاي الأوروجواي، ويسمى «المتة»، يمنحك جرعة بسيطة من الكافيين.
- قهوة الشعير أو الحنطة مع مذاق يقارب مذاق القهوة، لكن مع كافيين أقل وعناصر غذائية أكثر.
- مشروب إكليل الجبل، لتوازن الأعصاب.

وجبة خفيفة؟ نعم، لكن ابتعد عن الوجبات الجاهزة!

مع اقتراب المساء، تكون هناك أولوية للحصول على السيروتونين، لذلك ترغب في تناول الكربوهيدرات التي تنتج بدورها السيروتونين، لكن في الوقت الخطأ. من دون الكربوهيدرات لا يتمكن التريبتوفان (المسؤول عن إفراز السيروتونين) من الوصول إلى الدماغ. الحيلة: لا تنسَ أن الكربوهيدرات تساهم أيضًا في إفراز الأنسولين الذي يغيِّر مسار الأحماض الأمينية التي تتنافس مع التريبتوفان، فتدفعه نحو الدماغ. إذن، الأنسولين له دور إيجابي لكن لا يعني ذلك الإكثار منه. وبما أن ارتفاع نسبة الأنسولين في الدم يخفض نسبة السكر في الدم، لذلك يجب دائمًا تناول الأطعمة ذات المؤشر الجلايسيمي المنخفض أو المتوسط، وإضافة بعض الأطعمة التي تحتوي على التريبتوفان إليها، مثل البذور الزيتية، والتي تمنحنا أيضًا عنصرَي المغنيسيوم وأوميجا 3.

أمثلة للوجبات الخفيفة المقاومة للتوتر

- حفنة صغيرة من الجوز أو اللوز + ثمرة فاكهة طازجة.
- شريحة من خبز القمح الكامل + قطعة صغيرة من زبدة اللوز.
- كومبوت (فاكهة مسلوقة) بلا سكر + قطعة من الشوكولاتة الداكنة (70%).

هيا بنا إلى تمارين الإطالة

تمتلئ العضلات بالنهايات العصبية، وبالتالي نجدها تتشبع بالإشارات التي تنبه لحالة التوتر. وأكثر العضلات تلقيًا لتلك التنبيهات والرسائل هي العضلة شبه المنحرفة (تغطي مؤخرة الرقبة والكتف وأعلى الظهر) وعضل الرقبة والمنطقة القطنية (أسفل العمود الفقري). لذلك عليك بممارسة تمارين الإطالة بصفة منتظمة، والتنفس بعمق في أثناء التمارين.

إطالة الظهر

- اتخذ وضع الجلوس، واشبك أصابعك، ومد ذراعيك فوق رأسك.
- أمِل جذعك إلى جهة واحدة وحافِظ على مطّه جيدًا، وابقَ على هذا الوضع بضع ثوانٍ.
- اعتدل ثم مِل إلى الجانب الآخر مع مطٍّ الجذع، وانتظر بضع ثوانٍ.
- كرر التمرين 3 إلى 4 مرات لكل جهة.

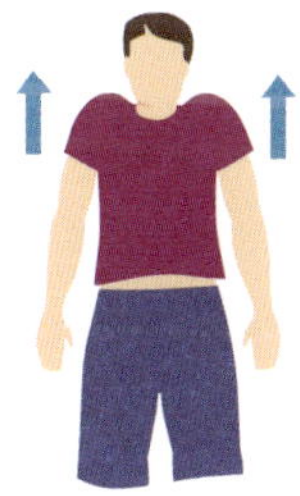

إرخاء العضلة شبه المنحرفة

- ارفع كتفيك إلى أعلى قدر الإمكان لمدة ثانيتين أو ثلاث ثوانٍ ثم أخفضهما ببطء.
- كرر التمرين 3 مرات.

إمالة الرقبة

- أمِل رأسك إلى الجانبين ببطء، وكرر الحركة عدة مرات على التوالي.
- يمكنك تحريك رأسك من جانب بشكل دائري.

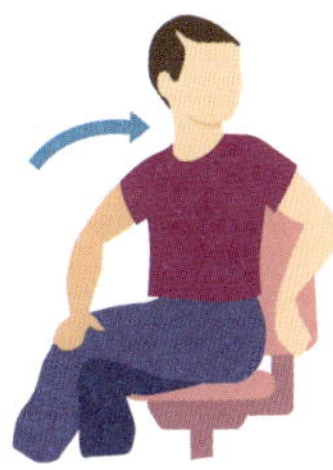

اقضِ على ما تبقى من التوتر

- ضع ساقًا فوق الأخرى.
- ضع يدك اليمنى على ركبتك اليسرى، والتف بجذعك إلى جهة اليسار، وتأكَّد من استقامة ظهرك وأنت تلتف، وحافظ على هذا الوضع لمدة 8-10 ثوانٍ.
- عُد إلى وضع الجلوس باستقامة، وضع يدك اليسرى على ركبتك اليمنى، ثم التف بجذعك إلى الجهة العكسية.

خطِّط لليوم التالي بذكاء

تنظر في المساء إلى قائمة مهام اليوم التالي، وتراها كقائمة مستلزمات البيت الأسبوعية المتراكمة في فترة الحجر المنزلي! ويؤرقك التفكير في أنك ستواجه كل تلك المهام في الغد، ويُشعرك بالتوتر! لكن هذا لا يعني أن كتابة قائمة المهام شيء غير جيد، عليك فقط أن تجيد ترتيبها وتنظيمها. وهذا ما قدمه لنا «آيفي لي»، المستشار الأمريكي للقوة الإنتاجية في عام 1920، إذ طرح طريقة ترتيب المهام وفقًا لأولويتها. لذا عليك أن تجتهد في كتابة قائمة مهام واقعية يمكن إنجازها، وعندئذ ستشعر بزوال التوتر.

إرشادات

- في نهاية اليوم، دوِّن ست مهام (كحد أقصى) يجب إنجازها في اليوم التالي.
- رتب المهام بناء على الأولوية، أي الأهم وليس الأسهل. وضع المهمة الأسهل في نهاية القائمة.
- في اليوم التالي نفذ المهمة الأولى، ولا تنتقل إلى المهمة التالية قبل إنهاء سابقتها.
- في نهاية اليوم، دوِّن قائمة المهام الجديدة لليوم التالي، مع إضافة مهام اليوم التي لم تُنجَز بعد.

نصيحة الدكتور جوود المُثلى!

- **تجنَّب المتابعة المستمرة لرسائل بريدك الإلكتروني، وحدِّد أوقاتًا معينة لذلك، وحاول أن تلغي إشعارات بريدك، إذ إن أداء المهام المختلفة في وقت واحد يقلل من الإنتاجية ويؤثر في جودة التركيز.**
- **لا تتردد في تقسيم المهام الصعبة إلى مراحل لتسهيل أدائها.**
- **قد يتسبب عملك في قاعة مفتوحة في تشتت ذهنك، فتشعر بالتوتر بسبب الضوضاء المستمرة. الحل: ضع سماعات تحجب الضوضاء.**

الفصل الثالث

حرِّر نفسك من الأعباء في المساء

انتهى يوم العمل، لكن هذا لا يعني انتهاء الشعور بالتوتر. يا له من يوم طويل! ليكن هدفك هو قضاء أمسية لطيفة لتحظى بقسط من النوم المريح. النوم هو المعالج الأول للتوتر (وأحيانًا مصدر التوتر).

التنفيس لتخفيف الضغط

الفصل بين الحياة العملية والشخصية

الوقت يخونك لأنه يسير بلا توقف، لكن الأمر لا يتطلب منك سوى عشر دقائق تخصصها للاستراحة، والفصل بين العالمَين الشخصي والعملي. اقرأ وأنت في المواصلات، أو مارس بعض تمارين التأمل وأنت في الحافلة، أو استمع في سيارتك إلى موسيقى هادئة، أو مارس رياضة المشي لمدة عشر دقائق فقط. عليك أن تختار النشاط اليومي المناسب لك بعد العمل، كي تفصل بين العالمَين، ولا تسمح لنفسك بتفحُّص بريدك الإلكتروني في هذه الأثناء.

دلِّل نفسك وعانق مَن تحب

أحضرت طفلك من الحضانة، أو اصطحبتك شريكة حياتك إلى البيت، حان الآن موعد الاستحمام، وتناول العشاء، ثم الذهاب إلى الفراش (أرجو أن تمحو عبارة «ليس بالضرورة»). قف! دلِّل نفسك بمعانقة أحبائك ثم استكمل مهام المساء. هل تعلم أن معانقة شخص تحبه لمدة عشرين ثانية تساعد على إفراز هرمون الأوكسيتوسين الشهير باسم «هرمون الحب»، وإفراز هذا الهرمون يشعرك فورًا بالراحة والطمأنينة؟ نعم! للأوكسيتوسين مفعول السحر، كما أنه يحد من إفراز الكورتيزول. أنت غير متزوج؟ إذن، عليك بتربية القطط، فخرخرتها علاج قوي يخفض التوتر.

عشاء مضاد للتوتر

المزيد من التريبتوفان

سؤال مفاجئ: ما أفضل ناقل عصبي تُفضِّل تناوله في وجبة العشاء؟
السيروتونين؟ نعم، إجابة صحيحة. وكيف يُفرز السيروتونين؟ من التريبتوفان.
أحسنت! لقد تعلمت الدرس. ضَع في طبقك سمكًا وخسًّا، وبطاطس وحبوبًا كاملة وبيضًا وبقوليات، وفول الصويا ومنتجات الألبان. وللحصول على التريبتوفان، اخلط هذه العناصر مع الكربوهيدرات، لكن انتقِ الكربوهيدرات ذات المؤشر الجلايسيمي المنخفض أو المتوسط (الحبوب الكاملة، أو البطاطا الحلوة، أو الخضراوات المجففة) لتحظى بنوم هادئ.

لا تتناول هذه الأنواع على العشاء

- **اللحوم: الحصول على الدوبامين في المساء فكرة سيئة،** لأن هضم البروتينات يستغرق وقتًا طويلًا، وكذلك فإنها تحتوي على حمض التيروزين أكثر من التريبتوفان، مما يزيد من إنتاج الدوبامين والنورادرينالين.
- **الوجبات المطهوة بالصلصة: تنفخ المعدة وتحرمك من النوم.** نعم، هذه الوجبات يصعب هضمها لأنها ثقيلة، وقد تسبب لك المغص والغازات والحموضة مما يمنعك من النوم. وستنال العقوبة ذاتها إذا تناولت الأطعمة المتبلة أو الحارة أو المختمرة أو المقليات، إلخ.

معادلة العشاء المثالي (تقريبًا)

- بروتين حيواني (أسماك أو بيض)، أو بروتين نباتي (بقوليات أو منتجات الصويا).
- الكربوهيدرات ذات المؤشر الجلايسيمي المنخفض أو المتوسط، مثل: البقوليات (العدس والفاصوليا البيضاء أو الحمراء والحمص والبازلاء)، والحبوب الكاملة أو شبه الكاملة (البرغل والقمح والكينوا، والأرز البني والأرز كامل القشرة وخبز القمح الكامل مختمر العجين).
- الخضراوات دائمًا وأبدًا للحصول على الألياف والفيتامينات والمعادن ومضادات الأكسدة.
- ثمرة فاكهة طازجة أو كومبوت (مسلوقة ومحفوظة).
- منتج من منتجات الألبان أو مشتقاتها (زبادي نباتي غني بالكالسيوم) للحصول على الكالسيوم (اختياري).

الوجبات الجاهزة السريعة والمصنعة: أضرارها كثيرة!

هل تنوي أن تطبخ في المساء؟ لا، فإغراء شطيرة الهامبرجر سريعة التحضير أو البيتزا اللذيذة أكبر بكثير! هذه فكرة سيئة للغاية! لأنك ستحصل على «سعرات حرارية فارغة»، أي بلا قيمة غذائية، كما أن هذه الأطعمة تحتوي على قدر كبير من الدهون المتحولة التي تتسبب في تيبُّس أغشية الخلايا، مما يضعف إفراز السيروتونين. وقد أثبتت إحدى الدراسات[9] أن تناول الوجبات السريعة في حالة التوتر يتسبب في زيادة الوزن بسرعة.

ثلاثة أمثلة لوجبة عشاء مضادة للتوتر

- **اختيار نباتي:** جزر مبشور مع تتبيلة الخميرة وزيت بذور اللفت + كسكس نباتي بالكينوا + زبادي صويا أو حليب الأغنام.
- **اختيار محبي الطعام:** شوربة العدس الأصفر + عجة البيض بالفطر والسبانخ + تفاح في الفرن مع العسل والقرفة.
- **اختيار الذوق البريطاني:** خس متبل بجنين القمح وزيت بذور اللفت + فطيرة جريش الحنطة السوداء والبيض واللحم المقدد + سلطة الفواكه مع شرائح اللوز.

استعد لنوم هادئ

القواعد السبع للنوم الهادئ

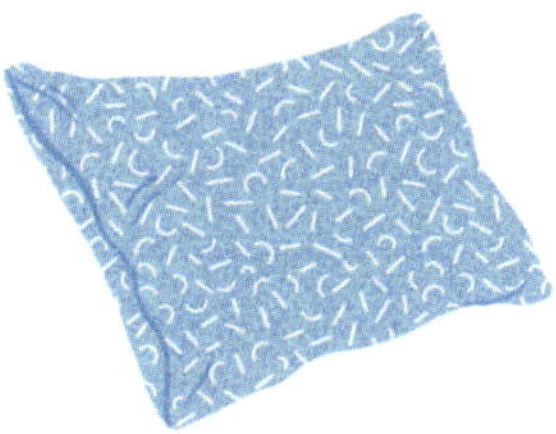

1. **مواعيد منتظمة:** الاستيقاظ في موعد محدد يوميًّا، بما في ذلك عطلة نهاية الأسبوع. فالإيقاع المنتظم يساعد ساعتك البيولوجية على برمجة أسهل لآليات نومك.
2. **احترام إشارات النوم:** جفونك ثقيلة، ورقبتك تحتاج إلى الاستلقاء، والبرودة تتسلل إليك، إنها إشارات تطلقها ساعتك الداخلية للتنبيه بأن جسمك مستعد للنوم، لذلك عليك بأن تستقل «قطار النوم» ولا تتأخر، حتى لا يفوتك الوصول بسرعة إلى محطة الأحلام. لكن لا تتعجل، فالقطار لن يسير حتى يرى كل إشارات النوم قد أضاءت الضوء الأخضر.
3. **العقل في وضع الطيران:** البقاء أمام الشاشات يُبقي عقلك في وضع التأهب، مما يعوق الشعور بالنوم، أضف إلى ذلك أن الضوء الأزرق المنبعث من الشاشات يحفز مستقبلات الضوء داخل شبكة العين، مما يؤخر إفراز الميلاتونين (لا يرتفع إلا في المكان المظلم). الخلاصة: ضع هاتفك في وضع الطيران قبل النوم بساعتين على الأقل.
4. **شرنقة الصمت:** الضوضاء أكبر عدو للنوم، ولا تظن أنك حين تغفو أو تنام فإنك في مأمن من الضوضاء. إن دماغك يبقى في حالة استقبال للمعلومات، وعندما تحدث ضوضاء مفاجئة في أثناء نومك يفرز جسمك هرمون التوتر الذي يقلق راحتك.
5. **الظلام الحالك:** إنه الملازم الأساسي لساعتك البيولوجية. وبما أن الضوء يؤخر الاستغراق في النوم، فإنه يعطل إفراز الميلاتونين. وعلى الرغم من استغراقك في النوم أحيانًا، لكن يأتي الضوء ليؤثر في جودة نومك.
6. **حرارة معتدلة في غرفة النوم:** يخفض الجسم درجة حرارته تدريجيًّا بدءًا من الساعة السابعة مساء، لتتراوح بين 35.5 و36 درجة حتى تصل إلى معدل منخفض عن ذلك في تمام الرابعة صباحًا. ولتعزيز عملية انخفاض درجة حرارة جسمك، حدِّد حرارة غرفتك بين 16 و18 درجة. لكن هذا بارد! لذا، غطِّ نفسك باللحاف جيدًا.

7. **جودة الفراش:** المرتبة الصلبة جدًّا أو اللينة جدًّا تؤدي بك إلى التقلب يمينًا ويسارًا للوصول إلى الوضع المريح. هذا الاستيقاظ المتقطع يعني نومًا متقطعًا، وبالتالي فائدة ضعيفة. لذا عليك اختيار المرتبة المناسبة (اختبرها قبل الشراء)، على أن تغيِّرها كل عشر سنوات، وهذه قاعدة. ولا تنسَ أيضًا الوسادة المريحة.

أعشاب تساعد على النوم

من أشهرها عشبة الزيزفون، وعشبة اللويزة (ساق الحمام)، وعشبة البابونج. ويوجد كثير من الأعشاب الأخرى الصديقة للأمسيات، مثل: الزعرور البري، وزهرة العاطفة، وعشبة المليسة (الترنجان البري)، وحشيشة الدينار، وخشخاش كاليفورنيا، وحشيشة الفراسيون، ولا تنسَ نبات الناردين الأحمر، وعليك باختيار الأخير، بما أن الوكالة الأوروبية للأدوية قد أقرته من بين العقاقير التي تخفف التوتر العصبي وما يسببه من اضطرابات في النوم. لكن، هل الأعشاب المعبأة في أكياس صغيرة هي الأفضل لليلة سعيدة؟ إنها أفضل من لا شيء، لكن لا تُكثر منها، وخيرٌ منها الأعشاب الأصلية التي تشتريها من الصيدلية أو من عند العطارين.

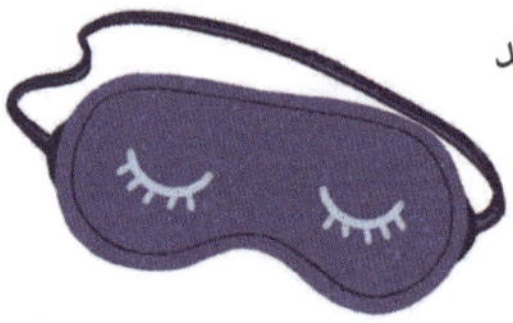

الأعشاب المغلية أم مستخلصاتها أفضل؟

تتحول الأعشاب الساخنة قبل النوم إلى «عـادة»، وهذا مما يميزها، لكنها قد تتسبب في الرغبة الملحة للذهاب إلى الحمَّام ليلًا، فيطرد جسمك مع البول جزءًا من مادتها الفعالة بعد ذوبانها في الماء. لذلك من الأفضل تناول المادة الأصلية للاستفادة الكبرى من العشب، أي المستخلص المستخرج من النبات الطازج أو المستخلص المعياري لسائل النبات الطازج. ويمكن استعمال الأعشاب أو النباتات كل نوع على حدة، كما يمكن دمج أنواعها المختلفة معًا. وهناك أيضًا بعض العقاقير، مثل: «سبازمين»، أو «ترانكيل»، أو «يوفيتوز»، أو «فيتوكالم»، لكن يجب استشارة الصيدلي قبل تناولها.

تخلص
من الأفكار المغلوطة!

احذر التأخر في النوم صباحًا

تشعر بحاجتك الشديدة إلى النوم، فلا تستطيع الاستيقاظ في موعدك المعتاد. هذا أمر طبيعي. لكن عليك أن تحصل على مزيد من الراحة لمدة ساعة أو ساعة ونصف الساعة، وليس أكثر من ذلك حتى لا تفسد ساعتك البيولوجية! واعلم أنـك لن تستفيد من الساعات الإضافية من النوم. إذن ما الحل؟ الحل في القيلولة.

جرِّب أيضًا

العلاج ببراعم النباتات: تتميز براعم الزيزفون وشجرة التين بفاعليتها في الحد من التوتر وسرعة التهدئة. ضع خمس نقاط من كلٍّ منها في كوب من الماء، وتناوله ظهرًا ومساء وقبل النوم.

روتين قبل النوم مثل الأطفال

فهمت الآن أن ساعتك الداخلية تحب الروتين، وما عليك إلا أن تبتكر روتينك الخاص من خلال الأفكار التالية، حتى تسلك الطريق الصحيح إلى النوم.

دش بارد سريع وليس استحمامًا

نعم، من المؤكد أنك تفضِّل الاستحمام لأنه يُشعرك بالاسترخاء، لكن المقلق أنه يرفع درجة حرارة جسمك، وهذا يتعارض مع آليات النوم التي تتطلب انخفاضًا تدريجيًّا لحرارة الجسم. أما الدش البارد (من 10 إلى 15 درجة مئوية) قبل تناول وجبة العشاء فإنه يخفض حرارة الجسم قبل النوم. اللمسة الأخيرة: شعورك الآن بالنضارة يطلق الإندورفين فيطرد التوتر الذي يعرقل عملية النوم. لكنك قد تصر على الاستحمام بدلًا من الدش السريع، وفي هذه الحالة لا ترفع حرارة الماء عن 35 درجة، وللشعور بالاسترخاء أضف إلى الماء:

- ملح الإبسوم الغني بكبريتات المغنيسيوم التي تساعد على الاسترخاء، ويفضَّل إضافة بيكربونات الصوديوم أيضًا، مما يجعل الجسم قلويًّا، وبالتالي سريع الاستجابة.
- القليل من زيت اللافندر أي الخزامى، وزيت البرتقال الحلو، وزيت البابونج، وزيت البردقوش، والبلانج. ضع 15 نقطة من هذا الخليط في الماء أو مع ملح الاستحمام.

تقييم اليوم

رأسك على الوسادة، أفضل وضع للتأمل ومراجعة الأفكار! يجب أن تتخلص من جميع الأفكار التي تزعجك عن طريق تدوينها في دفتر قبل النوم: اكتب مهام اليوم التالي، ودوِّن ما يقلقك ويزعجك ويشعرك بالغضب، ثم أغلِق الدفتر فورًا. انتهى اليوم وليس في الإمكان تغيير ما كان. هأنت قد أبعدت الجانب السلبي، فانتقل إلى الجانب الإيجابي! فكِّر في ثلاثة أمور جميلة حدثت اليوم، وحاول أن تتخيلها وتسترجع ما شعرت به في تلك اللحظات. إن تمرين استرجاع اللحظات الجميلة يساعد ذاكرتك دائمًا على انتقاء المواقف السعيدة اليومية، ويساعدك على النوم وأنت في حالة من الرضا بسبب إفراز الإندورفين، لكن احذر أن تعود إلى اجترار أفكار أخرى!

دلِّك قدميك قبل النوم

مع علم المنعكسات الأخمصية - إلى جانب العلاقة الزوجية الحميمية كوسيلة جيدة للتخلص من التوتر - دلِّك باطنَي القدمين بزيت اللافندر أو البابونج (ضع نقطة أو نقطتين من هذا الزيت على ملعقة صغيرة من الزيت النباتي).

دليل الاستخدام:

- ابدأ التسخين بتدليك تجويف القدم.
- دلِّك منطقة «الضفيرة الشمسية» جيدًا بإبهامك تدليكًا دائريًّا عميقًا في اتجاه عقارب الساعة، ووسِّع دوائر التدليك.
- دلِّك كل إصبع من أصابع قدميك بإبهامك وسبابتك وإصبعك الوسطى مع قرص خفيف، وابدأ التدليك من القاعدة، مع الضغط البطيء، إلى أن تصل إلى طرف الإصبع.
- دلِّك بإبهامك نقطة «النوم الهانئ» عند الكعب، ودلِّك من أسفل إلى أعلى، والعكس، ومن اليمين إلى اليسار، والعكس.
- اختم بالمسح على باطن القدم كله.
- كرِّر الخطوات مع القدم الأخرى.

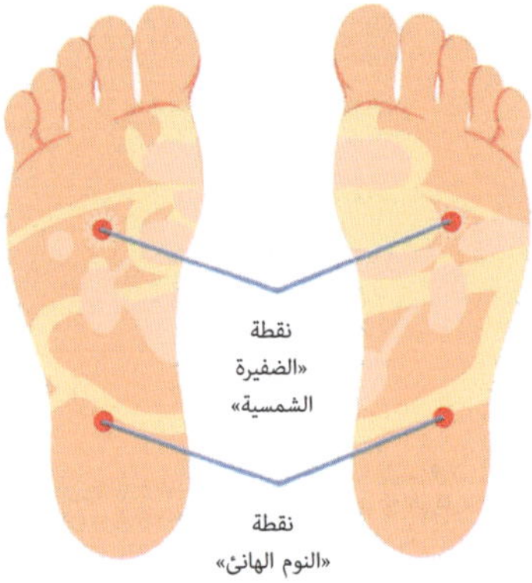

اخلد إلى النوم وأنت منتبه لجسمك وأحاسيسك

يبدو أن سلطان النوم لم يحضر بعد، جرِّب الطريقة الكلاسيكية في علم السوفرولوجيا القائمة على فحص الجسم، وهي أكثر فعالية من طريقة «هيا بنا نعد الخراف»!

- استلقِ في السرير على ظهرك، واشعر بأعضائك وهي تستقر، وحاول أن تدرك النقاط التي يلامسها جسمك على المرتبة.
- راقب التنفس، واستشعر قفصك الصدري كيف يرتفع مع الشهيق، وينخفض مع الزفير.
- تتبَّع بعقلك جميع أجزاء جسدك، الجزء تلو الآخر، مع تزايد الشعور بالثقل ثم الشعور بالاسترخاء، وابدأ من قدميك، ثم اتجه تدريجيًّا نحو الأعلى، إلى العضلات الخلفية للساقين ثم الفخذين ثم الحوض، إلخ، إلى أن تصل إلى أعلى جمجمتك.
- تصور ثقل جسمك بالكامل وهو يغوص في المرتبة.

تقديم المساعدة عبر الطب البديل

- **نوكس فوميكا 9 سي أتش: استنفدت طاقتك طوال اليوم، ولا يزال عقلك يعمل مع أن رأسك ملقى على وسادتك، تناول 3 حبات عند النوم.**
- **جلسيميوم 15 سي أتش: تستعد لمقابلة عمل غدًا صباحًا والقلق يمنعك من النوم، تناول 3 حبات عند النوم.**
- **أمبرا جريزيا 9 سي أتش: مُنهَك، وتغفو أمام التلفاز، لكن حين تصل إلى سريرك يختفي النعاس، تناول 3 حبات عند النوم.**

الفصل الرابع

الاسترخاء التام في عطلة نهاية الأسبوع

هأنت قد وصلت إلى نهاية الأسبوع، وحان وقت التخلص من كل الضغوط! توقَّف عن تحميل جدول أعمالك مزيدًا من الالتزامات، واعتنِ بنفسك قليلًا، وافعل كل ما يعود عليك بالنفع، وتذكر دائمًا أن التوتر مسألة تحتاج إلى العناية.

طرق جديدة لمواجهة التوتر

تقنية اتساق القلب: انتظام الراحة والرفاه

تمارين التأمل لم تعد كافية؟ تشعر بالضيق في أحيان كثيرة؟ اختبر حالة اتساق القلب وتحقق من آثارها المضادة للإجهاد، فقد ثبتت فاعليتها في التخفيف من التوتر. تعمل هذه التقنية على تنظيم ضربات القلب من خلال التحكم في التنفس. عند الشهيق: يسرع نبض القلب بما أنك تحفز النظام العصبي السمبثاوي المسرِّع. وعند الزفير: يتباطأ نبض القلب مما يحفز النظام العصبي الباراسمبثاوي الذي يمثل الفرامل. وعندما يتساوى الشهيق مع الزفير بانتظام وعُمق ينشط النظام الباراسمبثاوي فيبطِّئ ضربات القلب وتشعر بالهدوء، وهذه هي حالة اتساق القلب. ست دورات من الشهيق والزفير في الدقيقة ولمدة خمس دقائق: إنها الوصفة السحرية لتحقيق تقنية اتساق القلب، بما أن القلب يتصل مباشرة بالدماغ بواسطة الآلاف من الخلايا العصبية، ترسل عبرها رسائل إيجابية من الهدوء والثقة. وإن كنت ضمن **النمط الثاني** فإن تقنية اتساق القلب ستكون مفيدة جدًا لك، وتحد من توترك الذي يؤثر سلبًا في حياتك اليومية.

التطبيق

- اجلس في مكان هادئ، واحرص على أن يكون ظهرك مستقيمًا، وضع قدميك على الأرض ويديك على فخذيك.
- خذ شهيقًا من الأنف مع نفخ البطن لمدة 5 ثوانٍ.
- ازفر من الفم مع تفريغ البطن لمدة 5 ثوانٍ.
- كرر ذلك لمدة 5 دقائق.

الأعشاب في الميدان

في حال استمرار التوتر ومقاومته للعلاج، لا بأس من اللجوء إلى الطب البديل، فقد يكون داعمًا مهمًا في طريق الشفاء. اختر الأعشاب التي تساعدك على التكيف وتعزز قدراتك على مواجهة صعاب الحياة. في حال كنت ضمن **النمط الثالث**، الذي يشير إلى نسبة مرتفعة من التوتر العصبي، فلا تتردد في الاستعانة بهذه النباتات المعالجة:

- **الروديولا (جذر الورد) للتحفيز:** يحسن الحالة المزاجية والقدرات الذهنية، ويشحن الجسم بالطاقة وينشطه. هذا النبات ممتاز للتغلب على حالات التعب والإرهاق، وقد أقرته وكالة الأدوية الأوروبية ضمن الأدوية المعتمدة، وأثبتت إحدى الدراسات[10] الحديثة فعاليته في السيطرة على أعراض الإعياء الشديد.
- **الغريفونية للتوازن الانفعالي:** نبتة غنية بـ«الهايدروكسيد تريبتوفان 5» الذي يحفز إفراز السيروتونين، وتعد من أفضل النباتات التي يُوصى بها في حالة الإجهاد العصبي الشديد والشعور بالكآبة وصعوبة مفارقة الوسادة. ولمزيد من الفاعلية يمكن إضافة الغريفونية إلى «تريبتوفان L» (حمض أميني عضوي) كي يعزز عمل مادة «الهايدروكسيد تريبتوفان 5».
- **إيلوثيروكوكس (الجنسنج):** أنت متعَب جدًّا؟ ركِّز على الجنسنج السيبيري. وقد اعتمدت المفوضية الأوروبية ومنظمة الصحة العالمية استخدام هذا العقار كمحفز وداعم للجسم وأعضائه في فترات التوتر العصبي، حين تنخفض القدرة على العمل أو التركيز.

ضاعف أوقات الاستمتاع

استقطع وقتًا للعناية بنفسك، هذا أمر حيوي!

مارس نشاطًا ترفيهيًا واستمتع بوقتك، هذا واجب وليس أمرًا اختياريًا، ولا تعد ذلك من الكماليات. هذا أمر حيوي، خصوصًا في حالة الإجهاد العصبي، فالمتعة طارد قوي للتوتر[11]، خصوصًا إذا كنت ضمن **النمط الثالث**. لا بد أن تمنح نفسك أوقاتًا للاستراحة حتى تستعيد طاقتك وتتجنب الارتطام بالعوائق! لن تخلو الحياة من العقبات: المال والوقت والأبناء، لكن نفسك أهم! تقدَّم خطوة بخطوة حتى تتمكن من فك جميع القيود وتسمح لنفسك بالشعور بالراحة، فإنك تستحق ذلك بالفعل!

- يجب أن تدرك أهمية وقت الراحة بالنسبة إليك، وتسمح لنفسك بالحصول عليه. كفاك لومًا لنفسك!

نصيحة الدكتور جوود المُثلى!

تستطيع الحصول على هذه النباتات في صورة كبسولات من الصيدليات أو من خلال مواقع الإنترنت المختصة. واستشِر الصيدلي بهذا الخصوص. لكن احذر، لا تظن أنها آمنة تمامًا لكونها أعشابًا! توجد أيضًا نباتات أخرى جيدة لعلاج الاكتئاب البسيط، مثل: الزعفران، أو عشبة القديس (احذر تفاعلات الأدوية). وبعض النباتات الأخرى فعالة للتنشيط، مثل: الأستراغالوس (القتاد) والجنسنج، إلخ.

- ابحث عن نشاط يبعث فيك الشعور بالسعادة، ويساعدك على تنفيس الضغط العصبي، ولا تعبأ بصيحات العصر في هذا المجال.
- ضع هذا النشاط في قائمة التزاماتك اليومية، ولا تسمح بإضافة مهام جديدة إلى جدول أعمالك، ولا تؤجل نشاطك المختار والمريح من أجل موعد آخر إضافي.
- إذا شعرت بضيق وقتك، فراجع قليلًا التزاماتك التي تقيدك، وتساءل: هل هي ضرورية بالفعل؟ وابدأ بالأساسيات حتى تكون حياتك أبسط، وتعلم أن ترفض أحيانًا، واعتنِ بالكيف وليس بالكم.
- استمتع بتأدية نشاطك المفضل من دون الشعور بالذنب، واعزل عن تفكيرك الأمور الأخرى في هذه اللحظات، الأبناء والتسوق والعمل، واترك هاتفك في وضع الطيران، ولا تراقب دائمًا فائدة هذا النشاط أو نتيجته المباشرة والسريعة (وزنك على سبيل المثال) بل استمتع فقط بكل بساطة.
- راجع إنجازك: بمَ تشعر الآن؟ هل غيابك عن أسرتك تسبب في كارثة؟ هل توقفت الكرة الأرضية عن الدوران؟

نصيحة
الدكتور جوود
المُثلى!

في ظل جدول أعمالك المشحون، غالبًا ما يكون الأصدقاء خارج الخطة، مع أن الخروج معهم لتناول مشروب منعش أو قهوة يساهم كثيرًا في رفع المعنويات (لكن احذر الأشخاص السامة!). أضف إلى معلوماتك: أثبت العلم أن الوحدة تفاقم التوتر.

دعنا نبحث عن اللون الأخضر

طريقة بيئية بسيطة ومجانية للتقليل من التوتر النفسي. فقط ارفع رأسك وانظر إلى السماء والأشجار. إن فيتامين «ج» (الفيتامين الأخضر) ليس له مثيل لتشعر بحالة «زِن»، وقد أثبت العلم فوائده المتعددة التي تعود على الصحة النفسية والجسدية، خصوصًا في اليابان، حيث يُمارَس علم علاج الغابات التقليدي (العلاج بالحضور وسط الأشجار). وقد أثبتت دراسة طبية[12] أن «حمَّام الغابة» (شينرين يوكو) يقلل من نسبة الكورتيزول. لكن ما سر الطبيعة؟ إنه الهواء النقي والسكينة المهدئة وجمال المنظر، إضافة إلى ألفا الصنوبر، وهي المادة المتطايرة التي تطلقها أشجار الصنوبر والتي تساهم في تحفيز النظام الباراسمبثاوي. كما أن تأمل المسطحات المائية (بحر أو بحيرة أو نهر) تنتج عنه فوائد رائعة تساعد على الراحة النفسية. لكن إذا أردت أن تحصل على أكبر قدر من مفعول حالة «زِن»، فعليك بترك هاتفك في البيت، وضع كل حواسك في حالة الاستعداد، مع العلم أن العناية بحديقتك الخاصة عامل جيد يساعدك على مكافحة التوتر. وهكذا يتبين أن الطبيعة خير حليف لنا.

فيتامين «د»

للحصول على فيتامين «د»، تحتاج إلى التعرض للشمس قليلًا. إنه الفيتامين الذي ينتجه الجلد تحت تأثير الأشعة فوق البنفسجية. ولهذا الفيتامين دور أيضًا مع الجهاز المناعي ومدى الاستفادة من الكالسيوم، ويساهم في تخليق السيروتونين والدوبامين. لذلك يُفضَّل تناوله في صورة أقراص - مكمل غذائي - في فصل الشتاء، لكن بعد استشارة طبيبك الخاص.

عملية إعادة تشغيل العقل!

انزع النظارة المشوِّهة

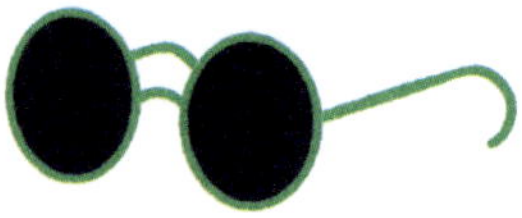

كيف تفسر الواقع؟ إن الواقع يمر أولًا من خلال مصفاة أفكارك، وهذه مقدرة بشرية قد تكون نقطة قوة أو نقطة ضعف. أنت تستقبل الواقع وفقًا لعدة عوامل خاصة بك، منها: خلفيتك، وتربيتك، وقيمك، وتقديرك لنفسك. وهذه العوامل توجد حوارًا بداخلك يؤثر في رؤيتك للواقع، ومع الأسف قد تكون أحيانًا سببًا لآلامك وتوترك أيضًا. وتجد أنك غالبًا ما تتوقع أسوأ الأمور، وهذا بسبب قلة ثقتك بقدراتك الشخصية، مما يجعلك ترى أضعف التحديات كأنها جبال شاهقة تقف أمامك. حين تدرك أن نظرتك إلى الواقع مشوَّهة بسبب أفكارك، فأنت إذن على مشارف الخطوة الأولى، ومن الأفضل أن تتخلص من هذه الأفكار. تمارين التأمل ستساعدك على تحقيق ذلك، وكذلك العلاج السلوكي المعرفي. وبالنسبة إلى من هو ضمن **النمط الثالث**، صاحب مؤشر التوتر المرتفع، فلا بد له أن يدرك مدى تأثير الانحياز المعرفي في رؤيته للأمور ومضاعفة الضغوط اليومية المحتملة عليه.

المصفاة الوردية والفكر الإيجابي

نعم، يمكنك تدريب عقلك على النظر إلى الحياة من منظور إيجابي، مما يضفي عليك الشعور بالرضا، ويخلصك من الشعور بالتوتر، وهذا يُدعى «الفكر الإيجابي» أو «النفسية الإيجابية». والأمر لا يتعلق بأسطورة العصا السحرية، بل هذا ما أثبته علم الأعصاب، بأن الدماغ من «بلاستيك»، أي أنه مرن، ويمكنه أن يتغير على مدى عمرك، وهذا ما يُعرَف بـ«مرونة الدماغ» و«مرونة الأعصاب». إن جميع ما تمر به: البيئة التي نشأت فيها، وجهودك المبذولة يوميًّا، والمعلومات التي تتلقاها، وممارستك لمهامك، كلها عوامل تساهم في تشكيل دماغك. لكن عندما تغير نظرتك إلى الأمور، فإنك تدرب ذاكرتك على الاحتفاظ بما هو إيجابي، وتتدرب أنت على التكيف، وتتعلم ألا تهدر طاقتك بلا داعٍ عبر اجترار الأفكار التي ترفع معدلات التوتر.

حان دورك الآن!

مثلما الحال مع التمارين الرياضية، فإن تمارين الدماغ تحتاج إلى الممارسة المنتظمة أيضًا، حتى تؤتي ثمارها. وكي يتبنى الدماغ الأفكار الإيجابية ويعتاد عليها، إليك هذه الأفكار البسيطة:

- عليك بالأفكار الإيجابية بدلًا من السلبية. كَتب عنك رئيسك في العمل ملحوظة سلبية في تقريرك الأخير؟ ليس عليك إلا أن تتذكر المرات السابقة التي أثنى فيها على شخصك.
- هنئ نفسك على إنجازاتك حتى إن كانت بسيطة، وراجع صفاتك الحسنة وإمكانياتك الجيدة ونقاط قوتك.
- استقبل جميع المجاملات ولا تزدريها (ولا تقُل: نعم، لكن كان يمكنني تقديم الأفضل...).
- ارسم دائمًا الابتسامة على وجهك حتى لو كنت مجبرًا، فإن التبسم يقلل من التوتر، كما أنه مُعدٍ!
- عليك بالإيثار، فمساعدة الآخرين تقلل من الآثار الضارة للتوتر[13].
- تدرَّب على الامتنان والشكر، لأنهما يصقلان قدرتك على تذكُّر المواقف السارة اليومية.

- ضع دائمًا خطة بديلة، فهذا يساعدك على تخفيف الشعور بالضغط، واستقبال الفشل بهدوء، وتغيير البرنامج المتوقع. وعليك دائمًا أن تظل متأهبًا لحدوث الاحتمالات التي تسمى أحيانًا «المصادفة» وتحمل معنى أوسع، إنها قدرة الشخص أو كفاءته على اكتشاف نتائج غير متوقعة لم يبحث عنها ووقعت مصادفة.
- استقطع دائمًا وقتًا للاستراحة، وجدِّد التواصل مع حواسك، فهي أدرى منك بما ينفعك.

هل أنت مهووس بالسيطرة؟

يحق لك أن ترتب أمورك وتتوقع وتخطط، وهذا شيء يطمئنك، لكن هل تعلم أن ذلك من مصادر التوتر أيضًا؟ هل تعلم أن احتمال الفشل دائمًا وارد؟ وأنك لست دائمًا السبب في هذا الفشل؟ لذلك فتخلصك من الرغبة المستمرة في السيطرة على الأمور قد يريحك كثيرًا، خصوصًا أنك لست المسؤول دائمًا عما يحدث، وليس لك دائمًا الحكم المطلق. تذكَّر أن الأمور نسبية، واعلم أن ما هو غير متوقع جزء لا يتجزأ من الحياة، حتى ترضى ولا يتفاقم توترك. وإذا كنت ضمن **النمط الثاني** فحاول أن تتحكم في الرغبة الدائمة في السيطرة، إذ إنها تؤدي في النهاية دائمًا إلى زيادة الشعور بالضغط النفسي. وإليك هذا التمرين البسيط!

حان دورك الآن!

سجِّل ثلاثة مواقف سببت لك التوتر اليوم، واسأل نفسك هذه الأسئلة:

- هل أستطيع التصرف حيال نتائج هذا الموقف؟
- هل فعلت كل ما في وسعي لجعل النتائج إيجابية؟
- وإن لم تكن إيجابية، فما العواقب؟

أخفض سقف توقعاتك قليلًا

إن الرغبة الدائمة في الإتقان شيء جيد، لكنها تربة خصبة للتوتر! تريد إنجاز الكثير بكل دقة وإتقان، فكيف تريد أن تتخلص من الضغط النفسي؟ ماذا تخبئ هذه الرغبة الملحة في إتقان كل شيء؟ التفسير النفسي يشير إلى أن البحث الدائم عن الإتقان غالبًا ما يخفي وراءه نقصًا في الثقة بالنفس، مما يجعلك تبحث عن اعتراف الآخرين بإمكانياتك وقدراتك. لكن هذه ليست دعوة إلى إهمال العمل، بل دعوة للتوقف عن البحث عن الكمال. وتذكَّر أن المسافة كبيرة جدًّا بين الضعف والكمال.

حان دورك الآن!

هل اختبار الواقع أمر جديد؟ لا، ليس كذلك، نحن لا نقدم إليك حلقة جديدة من مسلسل «كولانتا» لمغامرات الواقع، بل تقنية من تقنيات العلاج السلوكي المعرفي. المبدأ: افعل شيئًا لم يرِد في خاطرك من قبل، كأن لا تراجع بريدك الإلكتروني الخاص بالعمل خلال إجازة نهاية الأسبوع، أو خذ استراحة حقيقية لمدة ساعة كاملة وتناول وجبة غدائك، أو ارفض تقديم خدمة يطلبها منك شخص ما. الهدف: مواجهة نتائج هذه الأفعال التي كنت تخشاها دومًا، حتى تكتشف أن الأمور لم تكن بالخطورة التي كنت تتصورها.

الوصفة الصحية

كيف أبدأ؟ وما أول نصيحة يجب أن أعمل بها؟
قد يتبادر إلى ذهنك مثل هذين السؤالين بعد قراءة هذا الكتاب.

1. **طبّق التمارين والتقنيات التي تمنحك الهدوء:** عندما تشعر بارتفاع مستوى التوتر، فما أسهل أمر تبدأ به حتى تبطئ وتيرتك؟ إنه التنفس البطني، ثم تقنيات أخرى (تناوب التنفس، واتساق القلب، والسوفرولوجيا) حتى تقرر أيًا منها الأنسب لك.
2. **اعتنِ بنمط حياتك:** ابدأ بنظامك الغذائي ونومك، وتعلم كيف تُعِد عناصر الوجبات طوال اليوم، واحرص على احتوائها على عناصر غذائية مضادة للتوتر. وفي المساء عليك باتباع قواعد النوم السليم مع اعتماد روتين خاص بك قبل النوم.
3. **اعتنِ بمزاجك:** ينشأ شعورك بالتوتر من نظرتك إلى الأمور، وانتبه فأنت تلبس «نظارة» تعكس لك صورة مشوّهة عن الواقع. تَبَنَّ التفكير الإيجابي، وتعلّم كيف تتخلى عن بعض المسؤوليات، وارفق بنفسك قليلًا. سيساعدك التأمل كثيرًا على إيقاف هذه العجلة التي لا تكف عن الدوران داخل عقلك، وتدعم آليات التوتر باستمرار.
4. **لا تتردد في اللجوء إلى العلاج بالعقاقير الخفيفة:** الأعشاب المركبة الجيدة في حالة التوتر الشديد، وبعض النباتات التي تساعد على الاسترخاء في حالة اضطراب النوم، والعلاج بالطب البديل، أو العلاج بالوخز في النقاط المحددة، أو العلاج بروائح النباتات والزهور، إلخ.
5. **استقطِع وقتًا لنفسك بلا شعور بالذنب:** هذا تنفيس جيد للتوتر. الرياضة، والتنزه في الطبيعة، واليوجا، إلخ. هذه الممارسات لا تمنحك الشعور بالمتعة فحسب، بل إنها تعزز آليات مقاومة التوتر لديك.

إلى اللقاء بعد ستة أشهر

مرت بضعة أشهر، وحان وقت التقييم. أما زلت تشعر بالتوتر؟ هل تمكنت من إيقاف آليات التوتر؟ هل أبطأت سرعتها أم أوقفتها تمامًا؟

قيِّم مستوى التوتر الذي تشعر به الآن، من 1 إلى 10:

لخِّص علامات الإجهاد لديك (العصبية، والآلام، واضطرابات النوم، إلخ):

....

ما أهم مصادر التوتر الرئيسية بالنسبة إليك حاليًّا؟ اذكرها بالتفصيل قدر الإمكان:

....

....

	نعم	لا	أمور جربتها	أمور يمكنك فعلها
عندما يوشك التوتر أن يتفاقم تستطيع أن تنزع فتيل انفجاره.				
تمارس نشاطًا من أنشطة الاسترخاء بصورة منتظمة.				
استطعت أن تدع الأمور تمر.				
تعتني بنفسك وتمنحها أوقاتًا من المتعة.				
تنام بصورة أفضل.				
تأكل وجبات أكثر توازنًا.				

لمزيد من المعلومات

مواقع إلكترونية

الاتحاد الفرنسي لأمراض القلب: www.fedecardio.org
http://therapie.cognitive.free.fr

جمعية تنمية اليقظة: www.association-mindfulness.org

شياتسو فرنسا: www.shiatsu-france.com

الاتحاد الفرنسي لشياتسو التقليدية: www.ffst.fr

الاتحاد الفرنسي لأخصائيي علم المنعكسات: www.reflexologues.fr

النقابة المهنية لأخصائيي علم المنعكسات: www.syndicat-reflexologues.com

الرابطة الفرنسية للعلاج بالوخز بالإبر: www.acupuncture-france.com

الاتحاد الوطني لأخصائيي الوخز بالإبر الفرنسيين: https://acupuncture-medic.fr/Lanutrition.fr

مراجع

مرجعي المقدس لنقاط الشفاء، لوران تورلان، آليكس ليفي دلكور، دار نشر لودوك إس براتيك، 2018.

دفتري الخاص باليوجا، جيرالندين ليثونيه، دار نشر سولار، 2019.

دليل الصحة العامة، أوليفيه وفاليري بروني، دار نشر لاروس، 2019.

اكتشف نفسك، إيريك-أنطوان فرهيدن، د. كريستيان بوري، دار نشر تريدانييل، 2020.

الطب البديل، كتاب مرجعي للعلاج بالطرق الطبيعية، د. مارتين غاردينال، دار نشر تريدانييل، 2018.

دفتر ملاحظاتي الصغير/ عبء ذهني يساوي صفر، جولي مارتوري، دار نشر سولار، 2019.

6 وصفات طبية للتخلص من التوتر، كول. إدارة دز بيير ستبون، دار نشر تيري سوكار، 2010.

وداعًا للقلق، ومن دون عقاقير، د. جيروم بالازولو، دار نشر لودوك. إس، 2017.

من أجل نوم أفضل والتغلب على الأرق، د. جوييل أدريان، دار نشر لاروس، 2014.

الحمية الجديدة آي جي، آجيليك أوبر، إيلفير نيرين، دار نشر تيري سوكار، 2010.

الدليل الشامل للتداوي بالروائح الفواحة والعناية بالجمال الطبيعي، أود مايار، منطقة الآروما، قرأته عام 2016.

هكتور والنظارات الوردية: كي تحب الحياة، فرنسواه ليلورد، أوديل يعقوب، 2018.

من التوتر إلى الاكتئاب: نظرة جديدة، صدى المكملات الغذائية، العدد رقم 50، المركز الفرنسي للتغذية والمكملات الغذائية.

لن أتعرض للإعياء بعد اليوم، مارلين شيابا، سيدريك بروغيير، دار نشر إيرول، 2015.

مصادر

1. مرصد التوتر في أثناء العمل، 2017، مكتب الحوافز التابع لرئاسة الوزراء.
2. مونيك هايكو، الإدارة الطبيعية للحياة المشتركة بين شخصين، معمل الاقتصاد والعلوم الاجتماعية للعمل، 1984.
3. إي. ويدو وايلد، إم. جي. جيرار مادو، إل. كواتريني، سي. لابري، إل. شاسون، إير. روسينيول، سي. بيرنا، إس. جيا، إس. أوجوليني، إشارة $\beta 2$ الأدرينالية تقلل من الاستجابة المناعية كما تقلل من فعالية الدفاعات الطبيعية ضد العدوى الفيروسية، جي معرض الطب لعام 2020.
4. العلاقة بين نشاط اللوزة في أثناء الراحة وفي أثناء الأحداث القلبية الوعائية: بحث مقطعي طولي وبحث آخر شامل، ذي لانسيت، 2017.
5. المجلس الأعلى للمساواة بين النساء والرجال، التقرير رقم 2017-05-29-SAN-O27، الذي نشر في 29 مايو 2017.
6. دي. كارني، إيه. كودي، إيه. ياب: وضع القوة: تؤثر العروض الصامتة الموجزة على الغدد الصماء ذات المستويات العصبية وتعرضها للمخاطر، العلوم النفسية، 2010.
7. سي. بوش-بوجو، تي. لاريو، إل. ليندرز، أو. جي. مانزوني، إس. لاييه: تتحكم اللدونة في النواة المتكئة بواسطة الأنديكانوبينات في إمكانية التعرض للقلق بعد المرور بالإحباطات الاجتماعية. تقارير عن الذرة، 2016.
8. إم. سي. هانتر، بي. جيلسباي، إس. إي يو-بو شن. التعرض للطبيعة يقلل من الشعور بالتوتر في الحياة اليومية وفقًا للمؤشرات الحيوية اللعابية. فرونت بسيكول، 2019.
9. سي. كي. إل بي، إل. زانج، إيه. فارزي، يي. كي، إل. كلارك، إف، ريد، واي. – سي. شي، آر. أنريكيه، سي. داياس، بي. جراهام، دي. بيج، جي. سي. برونينج، إن. جي. لي، دي. إيناندز - سانشيز، جي. كوبالاسينجام، جي. كولير، آر. تازان، جي. سبيرك، إتش. هيرزو: تعمل دوائر أميجدالا على تعزيز تطور السمنة سريعًا في ظل ظروف الإجهاد المزمن، التمثيل الغذائي للخلية، 2019.
10. إس. جاسبير، إيه دينل: تجربة سريرية استكشافية متعددة المراكز ذات تسمية مفتوحة، من خلال استخدام مستخلص الروديولا الوردية للمرضى الذين يعانون الانهيار العصبي. الطب النفسي العصبي، 2017.
11. جي. كايمل، كي. را، جي. مونيز: الحد من مستويات الكورتيزول وردود أفعال المشاركين في الأعمال الفنية. العلاج بالفن، 2016. لم أتمكن من تدوين الملحوظة 11.
12. إم. أنتونيللي، جي. باربييري، دي. دونيللي: آثار الاستحمام في الغابة (شنين-يوكو) على مستويات الكورتيزول كمؤشر حيوي للتوتر: مراجعة منهجية وتحليل شمولي. جي بايوميتيرول الدولي، 2019.
13. إي. رابوزا، إتش. لوز، أي. أنسيل: السلوك الإيجابي يخفف من الآثار السلبية للتوتر في الحياة اليومية، عيادة العلوم النفسية، 2016.

دار جامعة حمد بن خليفة للنشر
صندوق بريد 5825
الدوحة، دولة قطر

www.hbkupress.com

Published in the French language originally under the title:
Les Cahiers Dr. Good! Le stress, je gère !

الطبعة العربية الأولى عام 2022
دار جامعة حمد بن خليفة للنشر

الترقيم الدولي: 9789927161452

تمت الطباعة في بيروت-لبنان.

مكتبة قطر الوطنية بيانات الفهرسة – أثناء – النشر (فان)

مارتوري، جولي، مؤلف.

[Stress, je gère!]. Arabic

أنا أتحكم في التوتر / جولي مارتوري ؛ رسوم كي لام، كميل بالي ؛ ترجمة نهلة طاهر. - الطبعة العربية الأولى.

الدوحة، دولة قطر : دار جامعة حمد بن خليفة للنشر، 2022.

64 صفحة : إيضاحيات ملونة ؛ 24 سم

تدمك 978-992-716-145-2

ترجمة لكتاب: Stress, je gère!

1. التوتر (علم نفس) -- العلاجات البديلة -- الكتيبات، الموجزات الإرشادية، إلخ. أ. لام، كي، رسام. ب. بالي، كميل، رسام.

ج. طاهر، نهلة، مترجم. د. العنوان.

RA785 .M37125 2022

613.794– dc23 | 2022 28520476